LES CLEFS DE LA MANIPULATION

PAR LE MENTALISTE
VIKTOR VINCENT

LES CLEFS
DE LA
MANIPULATION

LAROUSSE

À Elizabeth et Auguste

SOMMAIRE

MISE *en condition*

Il serait si simple de vivre dans une société où tout le monde considère votre opinion comme la vérité absolue, un monde merveilleux où les chemins que vous empruntez ne sauraient vous conduire ailleurs que là où vous le souhaitez, un univers où même le soleil n'aurait pas l'audace de vous contrarier. Malheureusement, le monde ne tourne pas rond, les toxiques, les imbéciles nous imposent leur rythme, et nous perdons trop souvent le contrôle de notre vie. Il n'est donc pas rare d'avoir envie d'étrangler son collègue de bureau ou parfois même son ami le plus proche. Malheureusement, il y a des lois contre ça, alors que faire?
Ce petit manuel vous donnera les clefs pour reprendre la main et vous imposer comme l'unique chef que ce monde mérite. Vous découvrirez comment neutraliser les toxiques, vous cultiverez l'art délicat d'avoir toujours raison et jouerez de la mauvaise foi comme personne.

Vous comprendrez l'importance de se faire des ennemis, vous apprendrez à trahir vos amis dans les règles et à faire danser les incrédules pour votre bon plaisir. En d'autres mots, vous apprendrez à devenir le maître de votre vie et de celle des autres.

Prenez garde, la lecture de ce livre peut vous transformer en un être cynique, détestable et tout-puissant. Pour vous préparer, répétez-vous plusieurs fois :

1. *L'opinion des autres n'a aucune importance.*
2. *La normalité est définie arbitrairement par le groupe.*
3. *Je n'ai pas besoin de me justifier.*
4. *Je n'ai pas besoin d'être ratifié.*
5. *Je n'ai pas besoin du regard des autres pour exister.*
6. *Je n'ai pas besoin d'être ce que je ne suis pas.*
7. *Je n'ai pas besoin de plaire à tout le monde.*

Je vous souhaite maintenant une bonne lecture.

« LE PEUPLE
EST LE MÊME
PARTOUT.
QUAND ON DORE
SES FERS,
IL NE HAIT
PAS LA
SERVITUDE. »

NAPOLÉON BONAPARTE, *PENSÉES*

LES 7 CLEFS
du manipulateur

Clef 1

LA MEILLEURE DES MANIPULATIONS PASSE TOUJOURS INAPERÇUE

Si votre entourage vous voit comme un manipulateur, un flatteur ou un opportuniste, vous ne parviendrez jamais à obtenir ce que vous souhaitez, ou alors une fois mais pas deux. Il vous faut donc rester discret et éliminer les signes extérieurs du manipulateur. Aussi, si vous ressemblez à un vendeur de voitures d'occasion, si vous vous exprimez comme un expert en assurances ou comme un camelot de foire, il vous faut changer et revêtir l'apparence d'un être serviable, attentif et affable. Pour cela, il vous suffit d'être d'une grande politesse, d'être courtois et d'écouter ce que « les autres » ont à vous dire. Il est très rare que l'on se méfie d'un agneau.

Clef 2

NE JAMAIS SE CONFIER

Beaucoup ont cette faiblesse. Rendez-vous compte que tout ce que vous dites est consigné dans l'esprit de vos interlocuteurs. Toutes ces informations que vous pourriez livrer trop facilement modifient la perception qu'ils ont de vous, et une simple phrase innocente peut résonner autrement six mois plus tard et provoquer des dégâts. Par exemple, si vous dites à un collègue que vous n'aimez pas travailler en équipe et que vous étiez bien plus efficace quand vous travailliez dans son service seul à votre propre bureau, cela peut être utile sur le moment, mais si dans six mois ce même collègue cherche à constituer une équipe, il ne pensera pas à vous !
Le pire du pire, c'est lorsqu'un collègue vous confie qu'il trompe son épouse. Il pense peut-être se montrer malin, ou même viril, comme si rien ne pouvait lui résister, mais en réalité, c'est l'exemple type de la bêtise absolue. Il donne l'image d'une personne à laquelle on ne peut pas faire confiance : il trompe sa femme, il finira donc par vous tromper aussi.

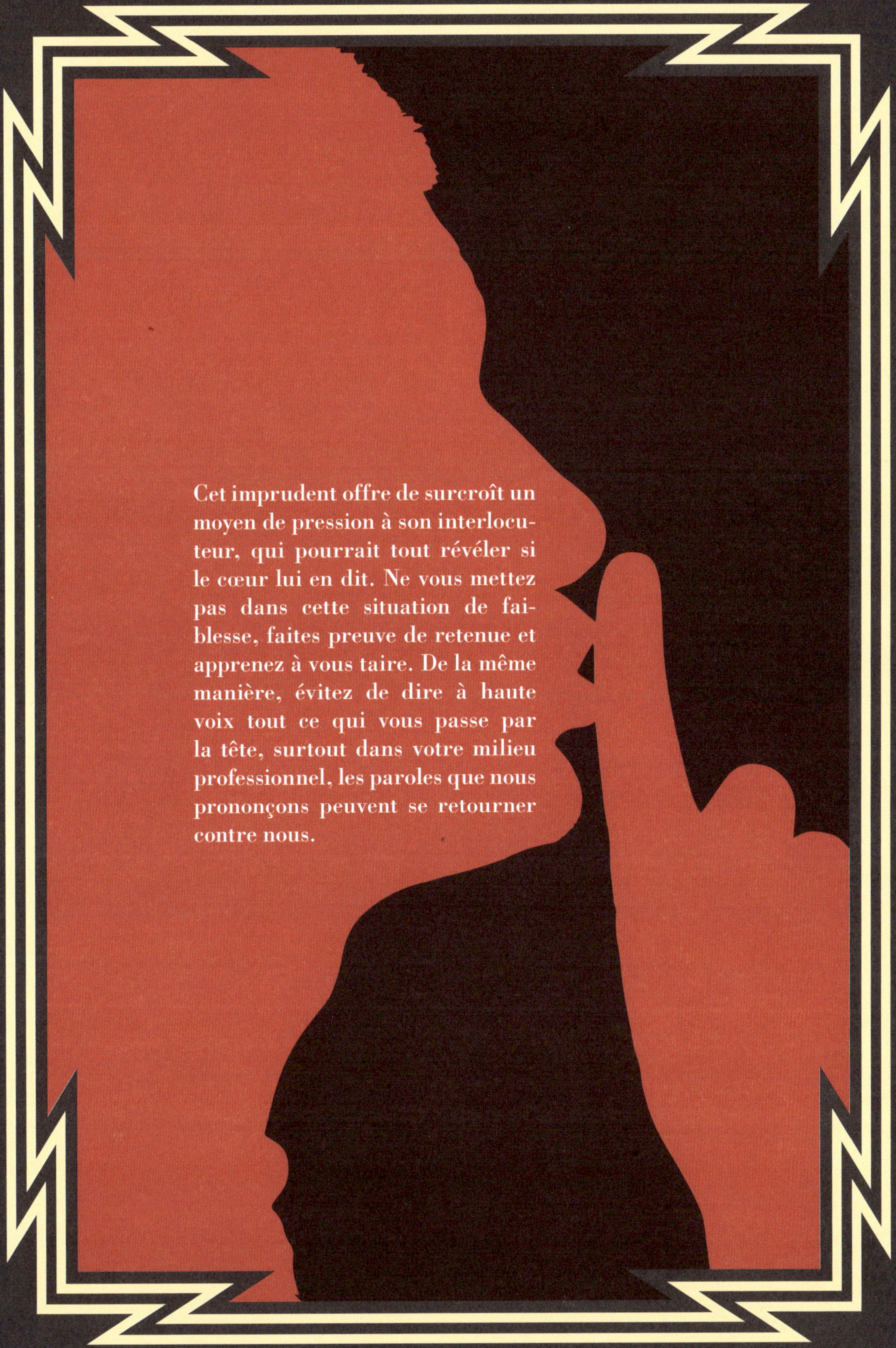

Cet imprudent offre de surcroît un moyen de pression à son interlocuteur, qui pourrait tout révéler si le cœur lui en dit. Ne vous mettez pas dans cette situation de faiblesse, faites preuve de retenue et apprenez à vous taire. De la même manière, évitez de dire à haute voix tout ce qui vous passe par la tête, surtout dans votre milieu professionnel, les paroles que nous prononçons peuvent se retourner contre nous.

Clef 3
NE JAMAIS DIRE DE MAL D'UN TIERS EN SON ABSENCE

S'il est parfois agréable d'avoir une tête de Turc pour consolider la cohésion d'un groupe, il faut faire attention. La tentation est grande de lâcher quelques petites phrases assassines et bien ficelées pour faire rire ou vous détendre, mais il faut absolument apprendre à résister à ce vice bien trop facile d'accès. Si vous dites constamment du mal des personnes qui vous entourent en leur absence, même si cela est justifié, vos interlocuteurs imagineront que vous faites la même chose à leur sujet lorsqu'ils ne sont pas là, et ils se méfieront de vous.
Si des personnes de votre entourage méprisent ou décrédibilisent un tiers en son absence, vous pouvez vous servir de cette faiblesse. Reformulez leurs propos puis commencez vos phrases par « Vous pensez vraiment que… » ou « Vous voulez dire que… ». De cette manière, vous ne participez pas au lynchage et vous leur ordonnez, mine de rien, de prendre la responsabilité de ce qu'ils avancent,

de persister et de signer leurs médisances devant vous. C'est souvent à ce moment qu'ils s'apercevront de l'image négative qu'ils vous renvoient. Ils essayeront de vous convaincre que leurs dires ne sont pas méchants puis feront tout pour vous être agréables, comme pour vous prouver qu'ils ne sont pas des monstres. D'autres au contraire enfonceront le clou et assumeront jusqu'au bout pour ne pas passer pour des girouettes. Dans les deux cas, vous devenez dépositaire de leurs propos, une arme de plus à votre disposition.

Clef 4

CULTIVER SES RÉSEAUX

C'est le secret de la réussite. Les plus grands de ce monde tissent des réseaux dans tous les domaines et dans tous les milieux, autant de boutons sur lesquels ils peuvent appuyer lorsqu'un problème se présente. Il faut pour cela accepter d'être soi-même un bouton. Rendre des services peut vous valoir un retour d'ascenseur au moment où vous en avez besoin. Mais il y a tout de même deux règles à suivre. La première est de ne pas appuyer sur un bouton trop gros pour résoudre un petit problème. Il est en effet inutile d'acheter un bazooka pour tuer une mouche, gardez-le en réserve pour, lorsque vous en aurez besoin, stopper la course d'un char d'assaut. En général, on ne peut utiliser ce bazooka qu'une seule fois, alors attendez le bon moment. La deuxième règle est de faire attention aux services que vous rendez, car s'ils sont trop personnels, ils peuvent vous couper de la personne en question. Si quelqu'un vous demande de cacher un cadavre en forêt, au sens propre comme au sens figuré, il y a fort à parier que cette personne ne souhaite plus vous voir après que vous lui aurez rendu ce service. En effet, vous lui rappelleriez trop ce qu'elle veut oublier et, incapable de vous retourner la pareille, elle rompra tout contact plutôt que de devenir votre obligée. Inutile donc de se fatiguer pour rien.

Clef 5

NE JAMAIS SE PLAINDRE EN PUBLIC

Nous connaissons tous quelqu'un qui passe son temps à se plaindre de tout et de rien. Si cela peut parfois être rassurant d'avoir sous la main un être dont la vie n'est faite que de problèmes et qui par contraste nous prouve que notre propre existence n'est pas si minable, il faut aussi avouer que ces personnes sont ennuyeuses à mourir. Les drames des uns sont souvent pour les autres d'une grande banalité, et les décès et les maladies n'échappent pas à cette règle. À part vos amis, et encore, votre entourage se fiche de ce que vous ressentez, de vos états d'âme ou de vos problèmes les plus graves. Je vous déconseille donc fortement de les étaler en public. En revanche, si certains imprudents font cette erreur, vous pourrez utiliser leurs propos contre eux. Par exemple, vous pourrez dire : « Vous m'avez confié que vous n'êtes pas très en forme en ce moment et que vous avez beaucoup de soucis personnels, alors je ne veux pas ajouter de stress supplémentaire à votre situation déjà difficile, vous passerez la main sur ce projet. » Ainsi vous mettez votre victime sur la touche tout en passant pour quelqu'un d'attentionné. Celle-ci ne pourra s'en prendre qu'à elle-même pour les confidences qu'elle vous a faites ! Ne tendez pas le bâton pour vous faire battre.

Clef 6

JOUER SELON SES RÈGLES

Si vous n'obtenez pas ce que vous voulez, si vous avez la sensation d'avoir le choix entre la peste et le choléra, alors renversez la table, redistribuez les cartes et jouez avec d'autres règles, vos règles. Il faut parfois donner un coup de pied dans la fourmilière pour voir ce qu'il se passe. Cela oblige à prendre des positions radicales et quelques risques, mais c'est aussi l'occasion de montrer sa force et sa détermination. Pour cela, n'hésitez pas à semer le trouble dans l'esprit de vos interlocuteurs et à jouer avec leurs doutes. Ce qui n'est pas très difficile car personne n'est sûr à 100 %. Puis pensez à soulever des problèmes auxquels ils n'avaient pas pensé (réels ou inventés), à déplacer les enjeux du projet et à remettre en cause ce qui peut l'être. Proposez ensuite de les décharger de ce fardeau (celui que vous avez vous-même créé) et faites ce que vous vouliez au départ. Du projet professionnel au choix d'un restaurant avec des amis, cette technique a fait ses preuves.

Clef 7
SE FAIRE AIMER

Plutôt que de contraindre vos proches à agir comme vous le voulez, il faut leur donner envie de vous faire plaisir. Pour cela, ils doivent vous aimer, et le moyen infaillible de vous faire aimer de votre entourage est de lui offrir ce que tout le monde attend, c'est-à-dire de la considération. Nous n'aimons qu'un peu ceux qui nous aiment beaucoup, comme une grâce que nous leur ferions, rappelle l'architecte Paul ZU. Il nous faut donc donner beaucoup pour recevoir un peu. L'idéal est de trouver un catalyseur, une sorte de bras de levier qui donnera à une petite attention la puissance dont nous avons besoin. Ce catalyseur est le public. Si vous mettez en valeur une personne en public, alors elle se sentira grandie et sera prête à tout pour ne pas perdre cette considération que vous lui avez offerte. De même, si vous avez des reproches à faire à quelqu'un, ne le faites pas en public pour éviter l'effet loupe, cela serait trop humiliant pour votre interlocuteur et vous le paieriez un jour ou l'autre.
Attention toutefois à ne pas offrir votre affection au premier venu, personne ne veut ce que tout le monde obtient facilement. Soyez sans pitié et ne vous trahissez pas pour faire plaisir à tout prix. Montrez que votre amitié est une amitié haut de gamme, pas celle d'un homme ou d'une femme sans caractère qui aime tout le monde. Dans un prochain chapitre, vous verrez que s'il est bon d'avoir des amis, il y a aussi beaucoup d'avantages à avoir des ennemis.

LES 7 ARMES *de destruction massive*

Clef 1

LE CHANTAGE AFFECTIF

Cette arme est des plus sournoises. Vous ne pouvez pas l'utiliser avec n'importe qui, il faut avoir une certaine intimité avec la personne en question. Plus vous serez proches et plus elle sera efficace. La technique consiste à déplacer une situation rationnelle vers une situation émotionnelle. En clair, vous allez jeter à la figure de votre interlocuteur l'amour ou l'amitié que vous lui portez, réel ou feint, et l'accuser d'ingratitude s'il ne fait pas ce que vous lui demandez. Vous commencerez vos phrases par « Si tu m'aimes vraiment… », « Avec tout ce que j'ai fait pour toi… » Ou encore « En tant qu'ami, je m'attends à… » Comme si votre amour ou votre amitié l'obligeait à vous obéir par un juste retour des choses. S'il ne veut pas passer pour un monstre à vos yeux, s'il veut garder cette amitié et une bonne image de lui-même, alors il n'aura pas d'autre choix que de faire ce que vous voulez qu'il fasse. S'il oppose une résistance, vous pouvez toujours le traiter d'égoïste ou d'individualiste, accusations dont il est difficile de se défendre.

Clef 2
LES MENACES

Cette fois, c'est le coup de bâton. « Faites ce que je vous demande ou je vous casse la figure. » « Faites ce que je vous dis ou je vous vire. » Cette technique est celle des brutes et manque de finesse, mais force est de reconnaître qu'elle est efficace. Pour cela, vous devez être crédible et menacer uniquement des coups que vous pouvez réellement donner. Il vous faudra aussi en donner un de temps en temps pour faire un exemple.
D'une manière plus subtile, vous pouvez vous servir d'une force extérieure, réelle ou inventée, et laisser un tiers endosser le rôle du bourreau. Ainsi, au lieu de dire « Faites ça ou je vous coupe la tête », préférez : « Si j'étais vous, je ferais ce qui m'est demandé ou cela déplaira à untel, qui lui (contrairement à moi) n'hésitera pas à vous couper la tête ! » Vous ne passez pas pour un tortionnaire, mais pour un ami de bon conseil !

Clef 3

L'ILLUSION DU CHOIX

Vous proposez à votre interlocuteur de choisir parmi plusieurs situations qui vous sont toutes favorables. Cela semble stupide, mais votre victime aura ainsi la sensation de décider. En gros, elle sera mangée, mais elle aura décidé elle-même de la sauce ! Vous pouvez dire à un enfant : « Il est 19 h 30, que veux-tu faire ? Jouez une demi-heure et aller au lit ou prendre un dessert et aller te coucher à 20 heures ? » Dans les deux cas, l'enfant n'a pas le choix, il doit se coucher à 20 heures, mais il aura la sensation de choisir et posera moins de problèmes. Dans notre monde d'adultes, c'est exactement la même chose à un autre niveau. Imaginez que vous demandiez à un ami de vous aider à déménager : « C'est comme tu veux, tu peux venir avec ta voiture pour transporter quelques cartons ou venir en métro. Tu peux nous aider pour les meubles ou, si tu as mal au dos, tu peux emballer la vaisselle. Tu peux aussi nous aider à démonter les meubles, c'est comme tu veux. » C'est comme il veut mais il vient vous aider, point final.

Clef 4
LE MARCHANDAGE

En clair, vous proposez une carotte. Vous dites : Faites ce que je vous demande et je vous donnerai ce que vous voulez. L'avantage, c'est que nous cherchons tous à obtenir quelque chose et qu'il y a toujours une réponse à la question : « Que voulez-vous ? » Si vous ne pouvez pas toujours donner à l'autre ce qu'il désire, vous pouvez peut-être l'aider et lui offrir un appui grâce à votre réseau. Dans ce système donnant-donnant, vous traitez avec vos pairs, et il vous faudra honorer vos promesses au risque d'être mis à l'écart définitivement. Si vous traitez avec un sous-fifre, vous pouvez faire de fausses promesses.

Clef 5

LES FAUSSES PROMESSES

Pour manipuler votre prochain, il suffit de savoir ce qu'il désire et de le lui promettre en échange de ce que vous voulez.
En clair, vous lui faites les promesses qu'il veut entendre et si vous êtes convaincant, votre victime vous suivra au bout du monde et deviendra votre esclave. Évidemment, vous ne pourrez pas tenir vos promesses. Alors pour garder votre sujet sous tutelle il vous faudra, à la manière d'un homme marié répétant sans cesse à sa maîtresse qu'il va quitter sa femme, faire quelques gestes pour preuve de votre bonne volonté puis mentir, faire d'autres promesses, mentir à nouveau, et ainsi de suite, jusqu'à l'implosion.

Clef 6
LA RÉTENTION D'INFORMATIONS

Pour prendre une décision, nous avons tous besoin de connaître les faits et de les analyser, afin de prendre la meilleure décision et de préserver nos intérêts. Si les informations que nous avons au départ sont fausses, alors notre décision n'est pas pertinente. Si vous choisissez judicieusement les informations à transmettre à vos interlocuteurs, vous parviendrez à modifier leurs décisions en votre faveur. Pour cela, vous pouvez garder pour vous certaines informations et émettre des doutes sur la véracité des autres, même si vous savez qu'elles sont vraies ! Par exemple, vous pouvez dire : « À moins que les deux entreprises ne signent un accord, vous serez à l'abri » alors que vous savez pertinemment que l'accord existe et qu'il a déjà été signé ! Vous pourrez toujours affirmer que vous n'étiez pas au courant si le reproche vous en est fait… Il vaut mieux passer pour un ignorant que pour un manipulateur.

Clef 7
L'HYPNOSE

Elle peut prendre plusieurs formes. En général, il suffit de solliciter les sens de vos interlocuteurs simultanément pour leur faire perdre la tête et court-circuiter leurs derniers mécanismes de défense. Notre esprit n'est pas multitâche, il ne peut pas se défendre et argumenter s'il est distrait par un événement extérieur. Votre rôle sera donc de créer des détournements d'attention pour empêcher votre interlocuteur de réfléchir correctement. Pour cela, modulez votre voix, parlez parfois de manière plus grave pour créer des ruptures. Faites preuve d'une autorité douce, comme si vous parliez à un enfant. Rapprochez-vous de votre victime et gardez le contact visuel en naviguant d'un œil à l'autre pour la stimuler visuellement et la déstabiliser. Si vous êtes proches ou intimes, vous pouvez vous permettre de la toucher de temps à autre, de manière un peu inhabituelle, toujours pour créer des ruptures. Si vous ne vous connaissez pas, vous pouvez toujours faire en sorte de toucher son pied sous la table comme par inadvertance, faire ensuite comme si vous n'aviez rien remarqué et poursuivre votre discours, tandis que l'autre ne pensera qu'à ça et sera totalement déconcentré.

Dans votre argumentation, vous pouvez avancer une tonne d'informations qui ne pourront être intégrées simultanément, un peu à la manière des camelots répétant de manière incessante les chiffres de leurs réductions. Créez enfin une situation d'urgence pour presser votre interlocuteur à prendre une décision. Pour cela, parlez un peu plus vite que d'habitude et jouez avec votre montre. Faites attention à ne pas paraître trop agressif pour ne pas que votre victime se sente étouffée, soyez subtil et agissez progressivement.

« SI VOUS EXERCEZ UNE INFLUENCE, FEIGNEZ AU MOINS DE L'IGNORER. »

HENRY DE MONTHERLANT

« SI VOUS DÉSIREZ LA SYMPATHIE DES MASSES, VOUS DEVEZ LEUR DIRE LES CHOSES LES PLUS STUPIDES ET LES PLUS CRUES. »

ADOLF HITLER

LES 7 CLEFS

pour garder le contrôle

Clef 1

RESTEZ EN HAUT DE VOTRE TOUR

Quelles que soient les attaques ou les situations embarrassantes que vous rencontrez, vous devez montrer à votre entourage que vous gardez le contrôle et que rien ni personne ne peut vous déstabiliser. Que ce soit auprès de vos amis, de vos employés, de vos collègues, partenaires ou clients, vous devez prendre de la hauteur et vous placer en dehors des considérations de vos adversaires, laissez-les à leurs basses préoccupations, vous avez des choses plus importantes à faire.

Pour être convaincant et vous placer encore plus haut, vous pouvez parler à vos détracteurs comme s'ils étaient de jeunes enfants, des petits garçons et des petites filles faisant des bêtises et auxquels vous pardonnez en raison de leur jeune âge, de leur ignorance et de leur manque de discernement. Certains politiques sont de fervents adeptes de cette méthode. La tête sur le côté, un sourire de compassion aux lèvres et un léger mouvement d'épaules accompagnent leurs paroles assassines prononcées sur le ton de la bienveillance, à la frontière de la pitié.

Imaginez un ministre au journal de 20 heures qui prend de la hauteur au sujet d'un scandale s'étalant dans les journaux : « Vous savez, ce sont des journalistes, ils font leur métier en cherchant le sensationnel, je comprends leurs enjeux, c'est leur petite guerre à eux… »

Un dirigeant d'entreprise parlant d'un sérieux concurrent à ses clients pourrait s'exprimer ainsi :

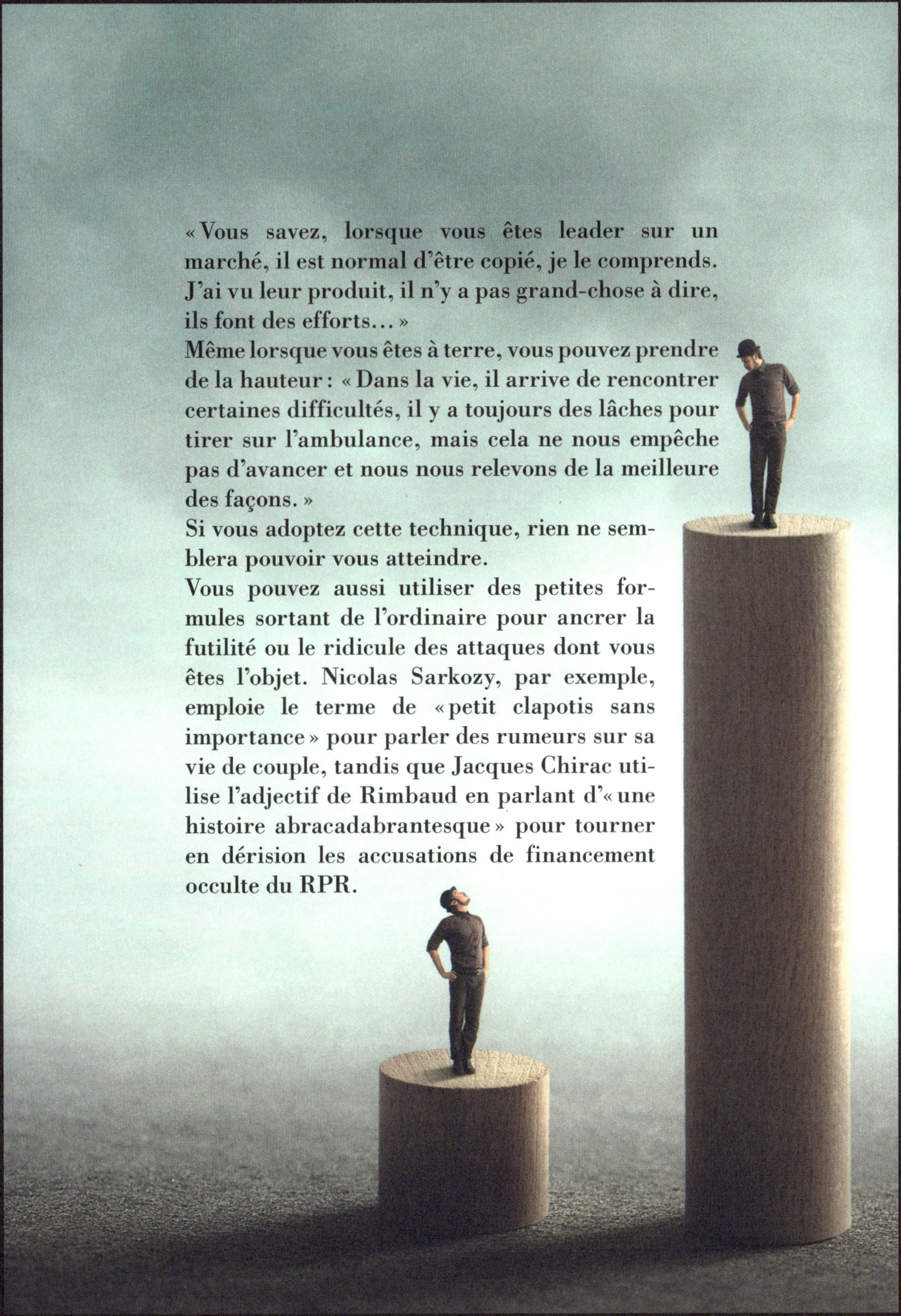

« Vous savez, lorsque vous êtes leader sur un marché, il est normal d'être copié, je le comprends. J'ai vu leur produit, il n'y a pas grand-chose à dire, ils font des efforts... »

Même lorsque vous êtes à terre, vous pouvez prendre de la hauteur : « Dans la vie, il arrive de rencontrer certaines difficultés, il y a toujours des lâches pour tirer sur l'ambulance, mais cela ne nous empêche pas d'avancer et nous nous relevons de la meilleure des façons. »

Si vous adoptez cette technique, rien ne semblera pouvoir vous atteindre.

Vous pouvez aussi utiliser des petites formules sortant de l'ordinaire pour ancrer la futilité ou le ridicule des attaques dont vous êtes l'objet. Nicolas Sarkozy, par exemple, emploie le terme de « petit clapotis sans importance » pour parler des rumeurs sur sa vie de couple, tandis que Jacques Chirac utilise l'adjectif de Rimbaud en parlant d'« une histoire abracadabrantesque » pour tourner en dérision les accusations de financement occulte du RPR.

Clef 2

LA TECHNIQUE DU MIROIR

Dans un débat, une discussion ou un entretien, il arrive que votre interlocuteur vous pose des questions un peu absurdes ou très ardues pour éprouver vos connaissances ou vous déstabiliser. Il est préférable de ne pas répondre « Je ne sais pas », cela donnerait l'autorisation à votre adversaire d'endosser le rôle de professeur et de vous apprendre à jouer selon ses règles. Il est donc plus judicieux d'utiliser la technique du miroir et de répondre aux questions par d'autres questions, ou de souligner l'absurdité d'une question en demandant à votre interlocuteur d'être plus précis. Par exemple, lorsque Jean-Jacques Bourdin dit à Nicolas Sarkozy : « Vous qui êtes ministre de l'Intérieur, pouvez-vous nous dire si les combattants d'Al-Qaida sont sunnites ou chiites ? », le ministre répond qu'il est impossible de répondre à la question car le cas d'Al-Qaida est bien plus complexe que ne peut le penser le journaliste et qu'il serait dangereux de stigmatiser par des généralités. Qui a raison ? Peu importe, mais le ministre a su se préserver au nom de la précision : « On ne peut pas dire que tous les combattants sont sunnites ou que tous les combattants sont chiites, Al-Qaida est une mouvance complexe. » Vous voulez une réponse précise ? Soyez précis dans votre question !

Clef 3

RENONCEZ AUX COMBATS INUTILES

Il n'est pas toujours nécessaire d'éprouver sa force, beaucoup se montrent inflexibles sur des détails sans importance et se taisent sur l'essentiel. Faites bien la différence entre l'anodin et le crucial, ne gaspillez pas votre talent.

Clef 4

RESTEZ CALME

Si toutefois le combat est inévitable, si le ton monte et que vous avez envie de frapper votre interlocuteur à coups de chaise et de le couvrir des pires insultes de la langue française, abstenez-vous. Cela demande une grande maîtrise et ce n'est pas toujours facile. Sans compter que le fait de perdre ses nerfs est un signe de mal-être, de manque de confiance en soi et de perte de contrôle. Nous sommes tous enclins à nous énerver de cette manière, et vous pouvez en tirer parti. Que ce soit à la caisse d'un supermarché ou suite à un accrochage avec un collègue brutal ou un toxique en tout genre, vous pouvez faire en sorte que votre interlocuteur sorte de ses gonds et passe pour un hystérique. Ainsi, quel que soit le débat, et même si vous avez tort, vous gagnerez sur la forme. Il n'est pas compliqué de pousser quelqu'un à bout, il vous suffit de parler lentement, de le regarder droit dans les yeux et d'employer des phrases comme : « Calmez-vous », « Respirez, ce n'est pas grave », « Tenez vos nerfs », « Ne vous donnez pas en spectacle », « Mais vous êtes hystérique ! ». La personne se ridiculisera toute seule. Souvenons-nous du débat entre Ségolène Royal et Nicolas Sarkozy : « Vous êtes en colère, gardez vos nerfs », dit Sarkozy ; ce à quoi Royal répond : « Il y a des colères saines ! » Une belle sortie de secours. Pour ne pas céder à votre tour au pétage de plomb, considérez ça comme un jeu, n'y voyez rien de personnel et prenez du recul en restant d'une grande politesse et en vous forçant à sourire.

Clef 5

ATTENTION AU PÉCHÉ D'ORGUEIL

L'homme sage connaît ses propres limites ! Faites le bilan de vos compétences et n'essayez pas de vous convaincre que vous êtes capable d'affronter de plus gros poissons que vous. Attention, vous devez chercher à évoluer, à vous surpasser, mais ne vous lancez pas dans un marathon sans jamais avoir couru. Entraînez-vous. Pour cela, il faudra vous faire quelques ennemis pour vous initier et vous permettre de garder la forme. Un chapitre sera consacré à cette question un peu plus loin.

Clef 6

DÉTERMINEZ LE POINT DE NON-RETOUR

Ne vous mettez pas dans des situations délicates par bêtise ou par ignorance. Prenez de l'avance et déterminez le point que vous ne devez pas franchir avant que l'erreur ne soit irréparable. Et soyez vigilant : cette barrière invisible se dresse bien souvent plus tôt qu'on ne le pense. Prenons un exemple, vous êtes au régime et vous décidez tout de même d'aller dans votre restaurant préféré, celui qui propose des spaghettis à la bolognaise à tomber. Vous vous dites que vous saurez résister le moment venu et que vous ne prendrez qu'une salade, mais en décidant d'aller dans ce restaurant, vous avez déjà franchi le point de non-retour. Il vous sera difficile de résister face à la carte et aux assiettes des clients alentour. Ne présumez pas de vos forces, apprenez à vous ménager.

Clef 7
ÉVITEZ LES ADDICTIONS

Nous pensons bien sûr à l'alcool, qui peut nous faire perdre le contrôle des choses, mais il existe d'autres addictions ou besoins qui peuvent nous faire faire n'importe quoi. Pour garder l'amour d'une personne, son amitié ou tout simplement sa considération, certains sont par exemple prêts à s'oublier totalement et à agir contre leurs intérêts. Il ne s'agit pas ici de vous exclure de toute relation, mais de bien avoir conscience que si vous êtes aimé, apprécié ou respecté, c'est d'abord pour ce que vous êtes. Ne vous égarez pas ou cela finira tôt ou tard par vous isoler. Ne perdez jamais de vue vos propres intérêts.

« IL NE FAUT PAS BLESSER UNE BÊTE : ON LA CARESSE OU ON LA TUE. »

JACQUES CHIRAC

« LA BIBLE N'EST-ELLE PAS L'UN DES PREMIERS ALMANACHS VISANT À MANIPULER LES MASSES : ELLE EST BOURRÉE DE TRUISMES QUI RÉCONFORTENT LES SIMPLES D'ESPRIT EN MAL DE DIRECTIVES. »

MARC GENDRON

LES 7 CLEFS
pour faire danser les incrédules

Noam Chomsky est professeur de linguistique au MIT, il est l'auteur de plusieurs best-sellers aux titres évocateurs : *Bains de sang constructifs dans les faits et la propagande*, *Armes silencieuses pour guerres tranquilles*, *la Doctrine des bonnes intentions* ou encore *Dominer le monde ou sauver la planète ?* Les titres de ses livres laissent entrevoir son refus de se soumettre et son envie de dénoncer « un système » totalitaire dans lequel les brebis que nous sommes n'ont aucune chance d'échapper aux loups. Lire Chomsky est drôle et déprimant à la fois, néanmoins nous pouvons utiliser ses travaux pour manipuler notre entourage avec une certaine efficacité. Chomsky détaille les clefs de la manipulation des masses, j'en ai extrait pour vous sept techniques clefs applicables pour des individus seuls. Attention, certaines sont aussi ignobles qu'efficaces.

Clef 1

FAIRE DIVERSION

« Garder l'attention du public distraite, loin des véritables problèmes sociaux, captivée par des sujets sans importance réelle. Maintenir le public occupé, occupé, occupé, *sans aucun temps pour penser* ; de retour à la ferme avec les autres animaux. » Ce passage extrait de *Armes silencieuses pour guerres tranquilles* se passe de commentaire. Cette technique peut s'appliquer à un individu seul, votre tâche sera de mettre en valeur l'arbre pour cacher la forêt.

Clef 2
CRÉER LA DEMANDE

Pour vendre un produit ou une idée il vous faut créer une attente à laquelle vous pouvez répondre, un besoin que vous pouvez combler, un problème que vous pouvez résoudre. Ainsi vous deviendrez indispensable et vos victimes vous remercieront de les sortir des difficultés dans lesquelles vous les avez vous-même plongées. Si vous créez un problème suffisamment grave et menaçant, vous pourrez faire accepter n'importe quoi à n'importe qui. Pour éviter l'incendie certains sont prêts à inonder une partie de leur maison…

Clef 3

LA TECHNIQUE DE LA GRENOUILLE

Il s'agit ici d'éviter toute brutalité au profit d'une douce lenteur, indolore mais qui conduira au même résultat. Si vous placez une grenouille dans l'eau bouillante, elle sautera hors de l'eau ; en revanche, si vous la placez dans l'eau froide et que vous augmentez progressivement la température, elle ne bougera pas et finira ébouillantée.

Clef 4
CHANGER DE MODE

Sous le coup de l'émotion, nous ne réfléchissons plus, la colère ou la peur prend le pas et plus rien ne peut nous raisonner. Si vous privez vos interlocuteurs de toute réflexion en déplaçant le débat sur un terrain émotionnel, vous pourrez leur faire accepter n'importe quoi. Vous n'aurez plus besoin d'être logique, rationnel ou pertinent pour les convaincre, une forte émotion suffira à ouvrir le champ de tous les possibles, y compris des idées les plus stupides, qui pourront être perçues comme des évidences à suivre. Chomsky parle souvent des dérives sécuritaires votées à la suite d'attentats sanglants qui ont blessé le cœur d'un pays.

Clef 5

CULTIVER L'IGNORANCE

Si vous avez une compétence particulière, ne la partagez pas afin de rester indispensable à ceux qui n'y connaissent rien. Laisser vos interlocuteurs dans l'ignorance de certaines choses vous confère un pouvoir certain. Notre monde est de plus en plus complexe, notamment avec l'évolution technique de nos interfaces informatiques, les occasions de se perdre sont multiples et leur nombre augmente chaque jour. Cette ignorance nous met littéralement sous la tutelle de ceux qui savent…
Chomsky parle souvent de la volonté du « système » de creuser les écarts entre les classes sociales en appauvrissant la qualité de l'éducation des classes inférieures. Il ira jusqu'à pointer du doigt l'encouragement collectif du pouvoir et des médias à trouver « cool » le fait d'être bête, simple et stupide, pour que le grand public se complaise dans sa médiocrité et par ce biais refuse de s'en échapper. L'apologie de la bêtise chaque jour, encore et encore…

Clef 6
LA CULPABILISATION

Mea culpa, mea maxima culpa. Cela sonne comme un dogme ancestral inscrit dans les gènes de notre société et qui résonne chaque jour à nos oreilles pour nous faire croire que tout est de notre faute. Nous nous voyons comme des êtres irrévocablement imparfaits, condamnés au péché et à l'erreur. D'après Chomsky, cette rengaine nous empêcherait de pointer les vrais responsables de notre malheur et nous plongerait dans une profonde déprime tuant dans l'œuf toute velléité de révolution. Si vous pointez les incapacités d'un individu, si vous l'encouragez à se dévaluer et à culpabiliser de sa propre bêtise (réelle ou supposée), il deviendra malléable, influençable et prêt à tout pour garder le peu d'estime que vous lui accordez.

« LA MANIPULATION DES ÉLITES EST ENCORE PLUS FACILE QUE CELLE DES MASSES. »

JEAN YANNE

« LA MODE EST LA MÉTHODE LA PLUS IRRÉSISTIBLE ET LA PLUS EFFICACE DE MANIPULER DE GRANDES COLLECTIVITÉS HUMAINES. »

KONRAD LORENZ

LES 7 CLEFS *pour bien mentir*

Clef 1

NE GARDEZ PAS LE CONTACT VISUEL

Contrairement à ce que l'on croit, un menteur n'a pas le regard fuyant, bien au contraire : il vous regarde droit dans les yeux, c'est même à cela que l'on peut le reconnaître. Pour bien mentir, il ne faut donc pas hésiter à rompre régulièrement le contact visuel avec son interlocuteur, comme on le fait dans une discussion normale. Lorsque nous parlons, notre cerveau doit accéder à une multitude d'informations et nos yeux bougent en conséquence, tel que le décrivent Richard Bandler et John Grinder dans les principes de la PNL (programmation neurolinguistique) et les mouvements associés aux clefs d'accès visuel. Il est donc normal de regarder dans toutes les directions lorsque vous parlez, et d'autant plus lorsque vous mentez. Un menteur peu doué regardera droit dans les yeux son interlocuteur, concentré sur son mensonge.

Clef 2

NE CHERCHEZ PAS À CONVAINCRE

Lorsque vous mentez, présentez vos dires comme des faits indiscutables. Vous ne cherchez pas à convaincre, vous informez. Si vous cherchez à convaincre, si vous luttez pour être cru, vous donnerez l'impression de mentir ou de raconter n'importe quoi. Si vous vous contentez d'énoncer des faits, vous serez plus crédible, et si votre mensonge ne fait pas mouche tout de suite, il aura tout de même l'avantage de faire douter vos interlocuteurs. Si vous êtes accusé, ne montez pas au créneau comme un hystérique pour vous défendre. Se défendre quand on ment, c'est avouer sa culpabilité.

Clef 3

SOIGNEZ LA MISE EN SCÈNE

Lorsque nous racontons une histoire, nous ne sommes pas toujours efficaces, nous ne donnons pas toutes les informations au bon moment, nous débitons l'histoire comme elle vient, sans vraiment y réfléchir. Un menteur peu habile va au contraire s'exprimer d'une manière beaucoup plus sophistiquée, il va travailler ses effets et mettre un peu de suspense dans ses propos. Pour bien mentir, je vous conseille de ne pas trop en faire, de donner un petit détail sans importance pour être crédible, mais pas plus. Vous devez savoir où vous allez, mais racontez les choses comme elles vous viennent, ce sera plus naturel qu'un discours travaillé.

Clef 4
ASSUMEZ VOS PROPOS

Souvent, le menteur du dimanche n'assumera pas ses mensonges et les dira du bout des lèvres, caché derrière son journal. Cette attitude n'inspire pas confiance, alors si vous devez mentir, faites-le haut et fort, sur le même ton que dans une conversation normale, sans baissez la voix, ne vous cachez pas derrière les meubles ou votre cigarette, soyez direct et clair.

Clef 5
MENTEZ PAR OMISSION

Il est préférable de mentir par omission plutôt que d'inventer une histoire complexe, cela vous mouillera moins. Vous pourrez toujours dire que vous n'étiez pas au courant. Faire l'idiot, faire celui qui ne comprend pas, celui qui n'est pas là ou celui qui n'a pas d'avis peut avoir ses avantages ! Faire le mort permet de gagner du temps et vous évite de mentir et de raconter n'importe quoi…

Clef 6

NIEZ EN BLOC

Lorsque la police arrête un suspect et le met en garde à vue, elle tente de le faire craquer psychologiquement, par des intimidations successives (prise d'empreintes, fouille, attente interminable dans des salles d'interrogatoire, etc.), afin de lui arracher des aveux. Bien souvent, si le prévenu tient bon, il s'en sortira et n'aggravera pas son cas. Le fait de garder le silence et de nier en bloc les accusations est, en dernier recours, une bonne technique pour vous en sortir, car vous aurez toujours le bénéfice du doute et le temps jouera en votre faveur.

Clef 7

NE MENTEZ PAS TROP SOUVENT

D'abord parce que cela demande une mémoire colossale, car il faut non seulement se souvenir de ses mensonges mais aussi de ceux à qui on les a dits. Mais surtout parce que le plus souvent on ment alors que cela n'est pas nécessaire. Si vous multipliez les mensonges pour tout et n'importe quoi, votre entourage aura vite compris qu'il ne faut pas vous faire confiance, et le jour où vous n'aurez pas d'autre choix que de mentir, personne ne vous croira. La plupart du temps, il vaut mieux dire la vérité et assumer ses choix et ses actes, comme une preuve de puissance.

« TOUT LE MONDE MANIPULE TOUT LE MONDE, ET C'EST CE QUI REND LA POLITIQUE DANGEREUSE ET PASSIONNANTE À LA FOIS. »

BRUNO KREISKY, *LIBÉRATION*, 26 AVRIL 1983

LES 7 CLEFS
pour avoir toujours raison

Avoir raison ne sert à rien si personne ne le sait, il est bien plus utile d'avoir tort en faisant croire à tout le monde que vous détenez la vérité. Lors d'un débat ou d'une joute verbale, il n'est pas important de convaincre son interlocuteur, l'essentiel est de séduire le public, ceux qui écoutent et qui se rangeront derrière celui qui les aura convaincus. Tels les débats présidentiels, l'objectif est de convaincre l'auditoire. Dans la vie courante, ces situations sont régulières, en famille ou en réunion de travail, lors d'une soirée entre amis ou dans un club lambda, vous pouvez être pris à partie et devoir vous défendre d'accusations ou vous justifier. L'objectif n'est pas d'avoir raison dans l'absolu, car nous n'oublierons pas qu'en pratique l'absolu est défini par le groupe. La mauvaise foi peut être une arme efficace, pourvu qu'elle soit maniée avec dextérité. Arthur Schopenhauer a recensé trente-sept stratagèmes pour mettre KO ses adversaires lors d'une joute verbale. J'ai sélectionné pour vous les plus amusants, les plus cyniques, et surtout les plus pratiques !

Clef 1
FÂCHEZ VOTRE ADVERSAIRE

De cette manière, vous l'affaiblissez considérablement, d'abord parce que pris par l'émotion il ne sera plus capable de réfléchir correctement et oubliera le cheminement de sa pensée, mais surtout parce qu'il fera peur au groupe en passant pour un hystérique.

Clef 2
INTERROMPEZ ET DÉTOURNEZ LE DÉBAT

Parfois, nous sommes dans l'impasse et nous sentons que nous allons perdre, nos arguments ne sont pas les bons et nous ne maîtrisons pas assez le sujet pour nous en sortir. Dans ce cas, il vaut mieux faire diversion et détourner la conversation vers autre chose en prenant un cas précis et en faisant une petite digression. L'objectif sera de laisser l'adversaire s'y engouffrer pour l'accuser ensuite de l'avoir provoqué et de se disperser dans des sujets qui nous éloignent de l'essentiel. Vous pourrez regretter de ne pas pouvoir aborder avec lui les problèmes de fond et le sujet intéressant.

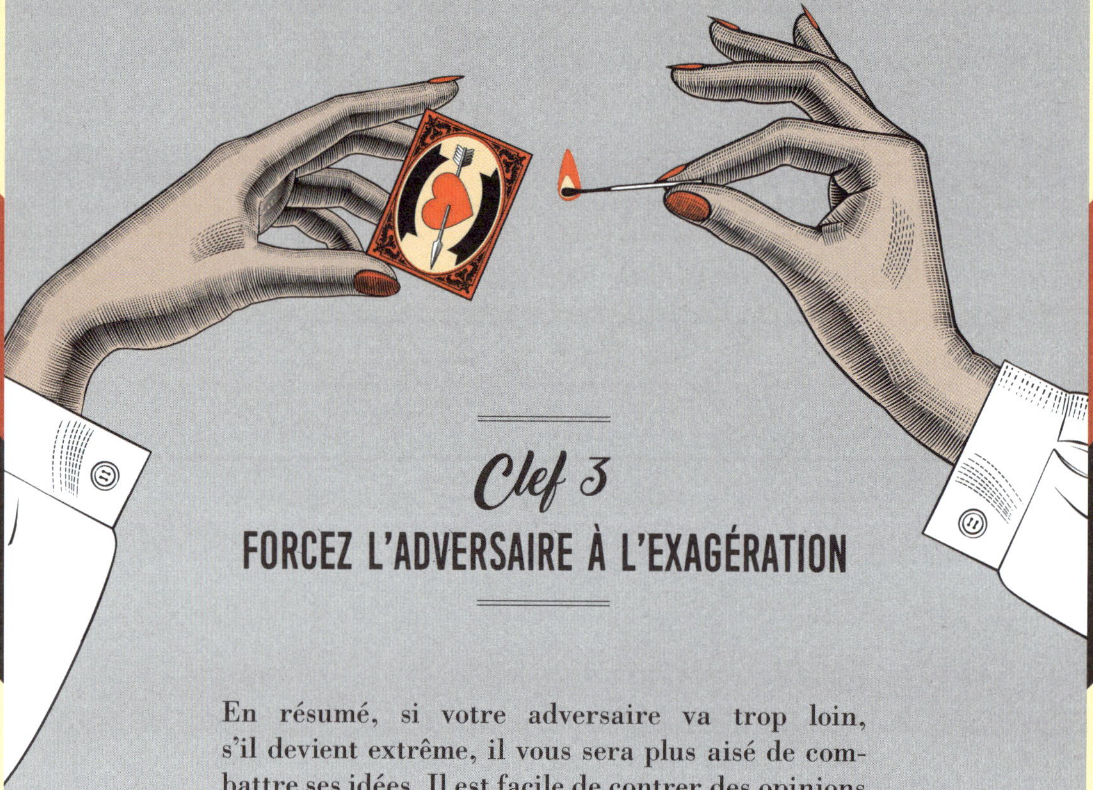

Clef 3

FORCEZ L'ADVERSAIRE À L'EXAGÉRATION

En résumé, si votre adversaire va trop loin, s'il devient extrême, il vous sera plus aisé de combattre ses idées. Il est facile de contrer des opinions fermes et tranchées aux yeux de l'auditoire, il suffit pour cela d'étaler tous les bons sentiments de l'humanité, tout le politiquement correct, et d'affirmer que soutenir les propos extrêmes de votre adversaire est dangereux. Vous donnerez ainsi l'impression au groupe d'avoir réfuté l'ensemble de sa thèse. Cette situation décrite par Schopenhauer se rencontre aujourd'hui très fréquemment sur les forums Internet où, lors de discussions houleuses, les propos s'enflamment et finissent tôt au tard par faire des analogies idiotes avec la Shoah ou le nazisme. C'est ce qu'a mis en évidence l'avocat Mike Godwin en 1990. On appelle depuis « point Godwin » la frontière au-delà de laquelle la discussion n'est plus possible et où l'interlocuteur, s'étant laissé aller à l'exagération, perd le débat.

Clef 4

FEIGNEZ L'INCOMPRÉHENSION

Vous allez faire semblant de ne pas comprendre ce que vous dit votre adversaire, et pour cela dire de manière ironique que vos capacités intellectuelles ne vous autorisent pas à valider son raisonnement tant il vous semble étrange, pour ne pas dire farfelu. « Vous avez peut-être raison, je ne sais pas, vos propos sont si surprenants, vous paraissez si sûr de vous ! » De cette manière, si le public vous tient en estime, les propos de votre adversaire paraîtront ridicules. Votre interlocuteur tentera alors de justifier son raisonnement et risque fort de se noyer dans des détails qui ne pourront convaincre que les experts. Or le public est rarement expert !

Clef 5

RECOUREZ À L'ASSOCIATION DÉGRADANTE

Pour décrédibiliser les thèses de votre adversaire, vous pouvez mettre une étiquette péjorative sur son raisonnement en disant par exemple : « Je comprends ce que vous dites, c'est du manichéisme. » Ce qui vous permet de ne plus tenir compte de ses propos et d'avancer sur votre ligne comme si de rien n'était. Vous pouvez aussi dire « C'est du thatchérisme » ou « du maccarthysme », ou faire toute autre référence ancienne, cela sous-entendra que ces idées ne sont pas nouvelles, que nous en avons déjà fait le tour et que pour beaucoup ces courants ont été réfutés maintes et maintes fois, que ces idées ne méritent pas que l'on s'y attarde une seconde de plus.

Clef 6

LA THÉORIE ET LA PRATIQUE

Ce qui est correct en théorie l'est également en pratique. Si ce n'est pas le cas, il y a une faille dans la théorie. Cela ne vous empêche pas de dire au moment propice : « En théorie vous avez raison, mais dans la pratique vous êtes dans l'erreur ! » En admettant ainsi que votre adversaire a raison sur le papier, vous n'avez plus besoin d'argumenter contre sa thèse et vous montrez qu'au bout du compte son raisonnement est invalide dans la pratique, et donc dans l'absolu. S'il fait une objection, il devra prouver que ces idées fonctionnent sur le terrain et prendre des cas particuliers, il ne vous restera plus qu'à lui dire que les exceptions ne confirment pas la règle, de ne pas faire de cas particuliers une règle établie et d'arrêter de nous faire passer des vessies pour des lanternes. Votre adversaire finira par se noyer dans ses explications.

Clef 7

LES INTÉRÊTS SONT PLUS FORTS QUE LA RAISON

Il s'agit de montrer à son adversaire que les thèses qu'il soutient sont contraires à ses intérêts. L'exemple de Schopenhauer est celui d'un propriétaire terrien vantant les mérites de la machinerie agricole à vapeur accomplissant le travail de plusieurs hommes. Apprenant que ces mêmes machines à vapeur assureront bientôt les transports aux dépens des chevaux qu'il vend, il se ravise. Dans ce cas, peu importe de savoir qui a raison, l'important, ce sont les conséquences liées aux opinions que nous défendons. « Je comprends ce que vous dites, mais vous imaginez ce que cela implique pour l'intérêt commun ? »

Clef 8

BONUS : L'ARGUMENT D'AUTORITÉ, RÉEL OU SIMULÉ

La citation d'un auteur peut nous permettre d'installer une autorité intellectuelle, une vérité difficile à contredire sans remettre en cause l'auteur lui-même, voire la philosophie elle-même. Vous pouvez dire à votre interlocuteur : « Relisez Voltaire, ça vous fera du bien. » Même s'il répond : « Vous voulez parler du pro-esclavagiste ? », il passera pour un extrémiste. Faites tout de même attention aux auteurs que vous citez et assurez-vous de maîtriser le sujet.

En revanche, vous pouvez sans danger inventer une maxime, une phrase incompréhensible qui ne veut absolument rien dire et qui plongera votre adversaire dans un brouillard épais. Si vous lancez au cours d'une objection la phrase : « J'entends ce que vous dites mais je n'oublie pas que la pratique qui vous fait défaut fait allégeance au roi avant ses sujets » pour repartir ensuite sur votre idée et votre argumentaire, votre adversaire sera désarçonné. Son esprit cherchera en vain une signification à ce que vous venez de dire et le privera de ses sens pendant quelques secondes. Le plus amusant, c'est qu'il ne pourra avouer qu'il n'a rien compris sous peine de passer pour un imbécile. Vous donnerez aussi l'impression au public d'être doté d'une grande culture et d'un esprit vif.

« EST FANATIQUE
CELUI QUI EST SÛR
DE POSSÉDER
LA VÉRITÉ. IL EST
DÉFINITIVEMENT
ENFERMÉ DANS
CETTE CERTITUDE ;
IL NE PEUT DONC
PLUS PARTICIPER
AUX ÉCHANGES ;
IL PERD L'ESSENTIEL
DE SA PERSONNE.
IL N'EST PLUS
QU'UN OBJET PRÊT
À ÊTRE MANIPULÉ. »

ALBERT JACQUARD

« LE MEILLEUR MOYEN DE TENIR SA PAROLE EST DE NE JAMAIS LA DONNER. »

NAPOLÉON BONAPARTE, PENSÉES

LES 7 CLEFS
pour manier la langue de bois

Clef 1

NE RÉPONDEZ PAS AUX QUESTIONS

Contentez-vous de dire ce que vous voulez dire, dans l'ordre que vous avez prévu. Vous ne venez pas répondre aux questions, vous venez dire des choses importantes. Résumez votre idée en quelques phrases clefs et répétez-les constamment. Ces éléments de langage répétés à chaque occasion feront passer votre message de manière efficace. À l'issue du Conseil des ministres, pour qu'il n'y ait pas de fausses notes, chaque intervenant utilise les mêmes mots pour parler des mêmes choses, cela donne une sensation de cohérence.

Clef 2
RESPONSABILISEZ VOS INTERLOCUTEURS

Vous pouvez balayer une question gênante en jugeant qu'elle n'a aucun intérêt, qu'elle est inexacte et caricaturale. Même si cela est faux, vous prenez de la hauteur et vous responsabilisez votre interlocuteur de sa question. L'objectif ici est de faire douter l'autre pour qu'il se demande s'il n'a pas dit une grosse bêtise ! Pour cela, vous pouvez lui demander sur quelles informations il se base pour affirmer de telles choses et même ajouter : « C'est comique ce que vous dites, êtes-vous sûr d'être vraiment bien informé ? » En un mot, vous jouez au professeur et vous interrogez votre élève pour être certain qu'il a bien appris ses leçons, qu'il connaît bien le dossier, qu'il a bien la légitimité pour poser sa question. Il y a des questions intéressantes et pertinentes, toutes ne le sont pas. Quand elles le sont, vous pouvez toujours faire croire qu'elles ne le sont pas !

Clef 3

LES GRANDES THÉORIES

Philosophiquement parlant, il est difficile d'être certain d'une information, il y a toujours un doute raisonnable sur la véracité des choses. Vous pouvez faire appel à ces grandes théories et au bon sens commun pour faire admettre la possibilité d'une erreur de la part de vos adversaires, ou d'un manque de discernement tant la situation est plus complexe qu'elle n'y paraît. Il existe une théorie selon laquelle le simple fait d'observer un fait influence ce fait et qu'il est impossible de connaître un paramètre avec précision sans perdre d'autres informations, cela s'appelle « le principe d'incertitude d'Heisenberg ». Sans aller jusque-là, les formules « Nous ne pouvons être sûrs de rien » ou, plus subtilement, « Gardons-nous de tirer des conclusions définitives » devraient vous permettre de vous échapper de certains sujets épineux.

Clef 4
METTEZ UN BÉMOL

Modérez les propos ou la hargne de vos interlocuteurs, cela vous permettra de prendre plus de distance et de limiter les enjeux. Pour cela, utilisez des formules comme « Mesurons nos paroles », « Laissons la place aux nuances », « N'allons pas trop vite en besogne », « Prenons le temps d'examiner les choses, le dossier est complexe », ou le très efficace « Calmons nos ardeurs pour ne pas dire de bêtises », qui vous permettront de calmer le débat sans répondre aux questions. Cela permet aussi d'agacer votre interlocuteur, qui peut perdre son sang-froid et passer pour un hystérique.

Clef 5
RESTEZ VAGUE

En utilisant des phrases toutes faites, vous occuperez suffisamment de temps de parole pour donner l'impression de donner un avis tranché alors qu'en réalité vous dites tout et son contraire, laissant ainsi à vos interlocuteurs le soin de trier vos propos. La plupart du temps, ils choisiront eux-mêmes d'interpréter vos paroles dans le sens qui les arrange. Avec cette technique, vous pourrez également parler longuement de choses que vous ne connaissez pas. Au sujet d'un artiste par exemple, pour ne pas dire que vous le détestez ou que vous n'en avez jamais entendu parler, vous pouvez dire : « C'est un artiste à part entière qui a beaucoup compté et qui, d'une certaine manière, a marqué son époque. Ses prises de position ont parfois pu choquer ou rassembler, son œuvre n'a pas toujours fait l'unanimité mais sa constance et sa diversité ont su séduire. » Ce genre de discours abscons qui veut tout et rien dire peut être très efficace, il donne le change et vous fait gagner du temps.

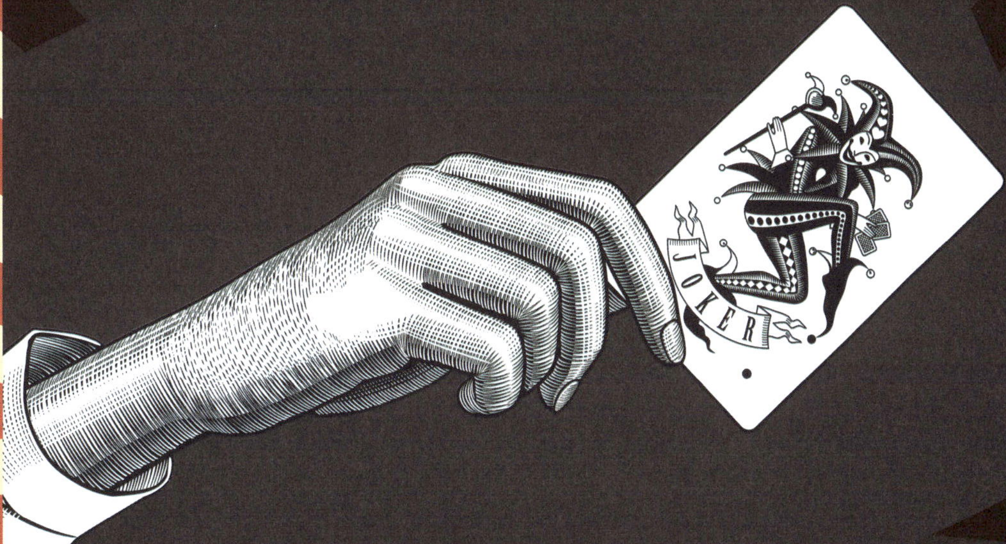

Les politiques sont évidemment les maîtres en la matière. Je prendrai pour exemple un discours du général de Gaulle. Lorsque celui-ci prononce en juin 1958 à Alger son célèbre « Français, je vous ai compris ! », que voulait-il dire par là ? À qui s'adressait-il ? De nombreux historiens pensent que le caractère aussi imprécis de cette phrase est volontaire, le but étant de rassurer tous les auditeurs, de donner à manger à tous. Des musulmans aux juifs, de l'armée française aux pieds-noirs, tous interprètent le discours selon leurs attentes et leurs espoirs. Rester vague en donnant la sensation d'une opinion tranchée a l'avantage d'apaiser les tensions sans donner l'impression de fuir les problèmes.

Clef 6

FAITES APPEL AUX BONS SENTIMENTS

Favoriser le politiquement correct permet de ne pas prendre vraiment position. Si vous donnez l'impression de vous ranger au sens commun, il devient difficile de vous remettre en cause sans bousculer tout l'échiquier et vous faire beaucoup d'ennemis. Pour répondre à des questions précises sans jamais vous mouiller, vous pouvez utiliser des formules comme : « C'est une façon de voir les choses », « C'est une réflexion qui ne manque pas d'intérêt », « Voilà une idée singulière qui peut faire son chemin à condition de l'examiner à la loupe et de l'adapter ». Enfin, employez le conditionnel, ajoutez des « peut-être », des « probablement » dans chaque phrase.

Clef 7
NOYEZ LE POISSON

L'idée ici est de déplacer le débat dans des eaux connues de vous seul et dont vous êtes le maître, des eaux dans lesquelles même les poissons se noient. Pour cela, il vous suffit de faire des références pointues et invérifiables pour d'abord créer un brouillard d'incompréhension et ensuite faire valider vos idées, même artificiellement. Pour ajouter à la confusion, vous pouvez aussi tenir des propos du genre : « Entre ce que vous voulez dire, ce qui est dit, ce qui est compris et ce qui est retenu, il y a toujours une grande différence. »

LES 7 CLEFS
pour prendre
la parole en public

« UN BON MIME DOIT LAISSER DES TRACES SUR LA VITRE. »

DJOÉ, « DE ZÉRO À L'INFINI »

Faire un discours en public n'est pas toujours facile. Le trac, la pression, les enjeux peuvent vous pousser à éviter ce genre d'exercice. Que ce soit en entreprise, lors d'un meeting professionnel, dans une réunion d'anciens élèves ou au cours d'une cérémonie religieuse, beaucoup reculent devant un obstacle qui leur semble infranchissable. C'est pourtant là une occasion rêvée pour vous retrouver sous le feu des projecteurs et montrer à tous vos compétences, votre personnalité et votre puissance. Dès que cela est possible, saisissez cette chance et transformez cet exercice pour marquer tous les esprits ! Voici quelques clefs pour vous aider à y parvenir.

Clef 1

PRÉPAREZ-VOUS

Il n'y a pas de vents favorables à un voilier qui n'a pas de port, vous devez savoir ce que vous voulez dire et définir précisément ce que vous souhaitez obtenir de votre prise de parole pour être certain d'avancer. Voulez-vous motiver vos troupes ? Les convaincre ? Les détendre ? Leur faire peur ? Vous devez savoir précisément dans quelle direction aller et le définir clairement par écrit pour ne pas vous disperser. L'improvisation offre l'avantage de la spontanéité, mais vous serez toujours plus malin en travaillant à l'avance ce que vous voulez dire, alors écrivez votre discours et apprenez-le sur le bout des doigts.

Clef 2

NE FAITES PAS TROP COURT

Si tous les dictateurs du monde font des discours très longs, souvent de plusieurs heures, ce n'est pas par hasard ! Aussi ne cédez pas à la facilité en ne rédigeant que quelques lignes de discours comme si vous aviez peur d'ennuyer votre auditoire ! Dites-vous que ce que vous avez à déclarer est intéressant, important, et prenez le temps dont vous avez besoin pour vous exprimer. Ne vous excusez pas d'être là, ne commencez pas par : « Je vais faire court car la journée a été longue » ou : « Je serai bref pour ne pas abuser de votre temps. » Ce sont les discours qui font naître les chefs. En 1978, lors d'une convention extraordinaire des jeunes RPR, un adhérent de 23 ans prend la parole pour soutenir Jacques Chirac. Son discours ne doit durer que cinq minutes, il gardera la tribune pendant plus de vingt-cinq minutes et montrera à tous les militants son talent d'orateur et son envergure. Beaucoup ont considéré ce moment comme un élément clef dans la carrière de ce garçon nommé Nicolas Sarkozy.

Clef 3
NE REGARDEZ PAS VOS NOTES

Peu de gens sont à l'aise face à une assemblée, et beaucoup se protègent derrière leurs notes, comme une barrière de sécurité rassurante. Apprenez votre discours afin qu'il devienne une seconde nature, donnez-lui une musicalité, un rythme, répétez-le en marchant dans votre salon, utilisez vos mains pour mettre l'accent sur certains mots. Ainsi vous pourrez lâcher vos fiches et regarder votre auditoire droit dans les yeux, pour tendre le fil avec chaque personne présente. Votre public verra ainsi en vous un homme précis, habile et puissant.

Clef 4
CRÉEZ DES RUPTURES

Vous ne pouvez pas vous exprimer sur le même ton tout au long de votre discours, c'est soporifique. Vous devez au contraire créer du rythme, des surprises, des ruptures. Pour cela, vous devez varier votre intonation, le volume de votre voix, jouer des silences, utiliser vos mains. Mettre de l'humour est essentiel, cela permet de moduler votre discours, mais attention ! vous n'êtes pas un comique et vous ne faites pas un one-man-show ! Juxtaposer un moment d'humour avec une séquence plus sérieuse est un bon moyen de créer une modulation qui apportera du relief à votre discours.

Clef 5

IDENTIFIEZ BIEN L'ADRESSE

L'adresse désigne ceux à qui vous parlez. Si vous vous trompez d'adresse, votre lettre n'arrivera pas au bon endroit. Lorsque vous êtes face à un auditoire, n'oubliez pas que vous devez lui parler, vous ne récitez pas un texte, vous devez le faire comprendre, le transmettre à des êtres vivants. Aussi ne regardez pas votre public comme un tout, mais adressez-vous aux personnes qui le composent, allez chercher les regards, avec vos mains et avec votre voix. Commencez par exemple une phrase en regardant le premier rang et terminez-la en levant la tête et les sourcils pour fixer le fond de la salle, en faisant un geste de la main comme pour aller chercher les personnes du fond, pour les prendre à parti. Imaginez que vos mots sont des ballons que vous lancez à chaque personne du public.

Clef 6
SOIGNEZ LES ATTAQUES ET LES FINALES

N'oubliez pas de mettre l'accent tonique sur la première syllabe (l'attaque) et sur la dernière (la finale) de chaque phrase pour être certain d'être bien entendu et compris. Prenez le temps de bien articuler et ne courez pas après votre texte. Ce moment vous appartient, inutile de vous presser. Ancrez vos pieds dans le sol, redressez-vous et prenez du plaisir à être là. Si vous êtes sonorisé, faites un essai son en amont et ajustez les réglages pour que le volume soit bon et qu'il n'y ait aucune saturation, car très souvent les micros de mauvaise qualité, la réverbération ou des enceintes mal réglées rendent les discours inaudibles. De même pour l'éclairage : assurez-vous d'être bien visible.

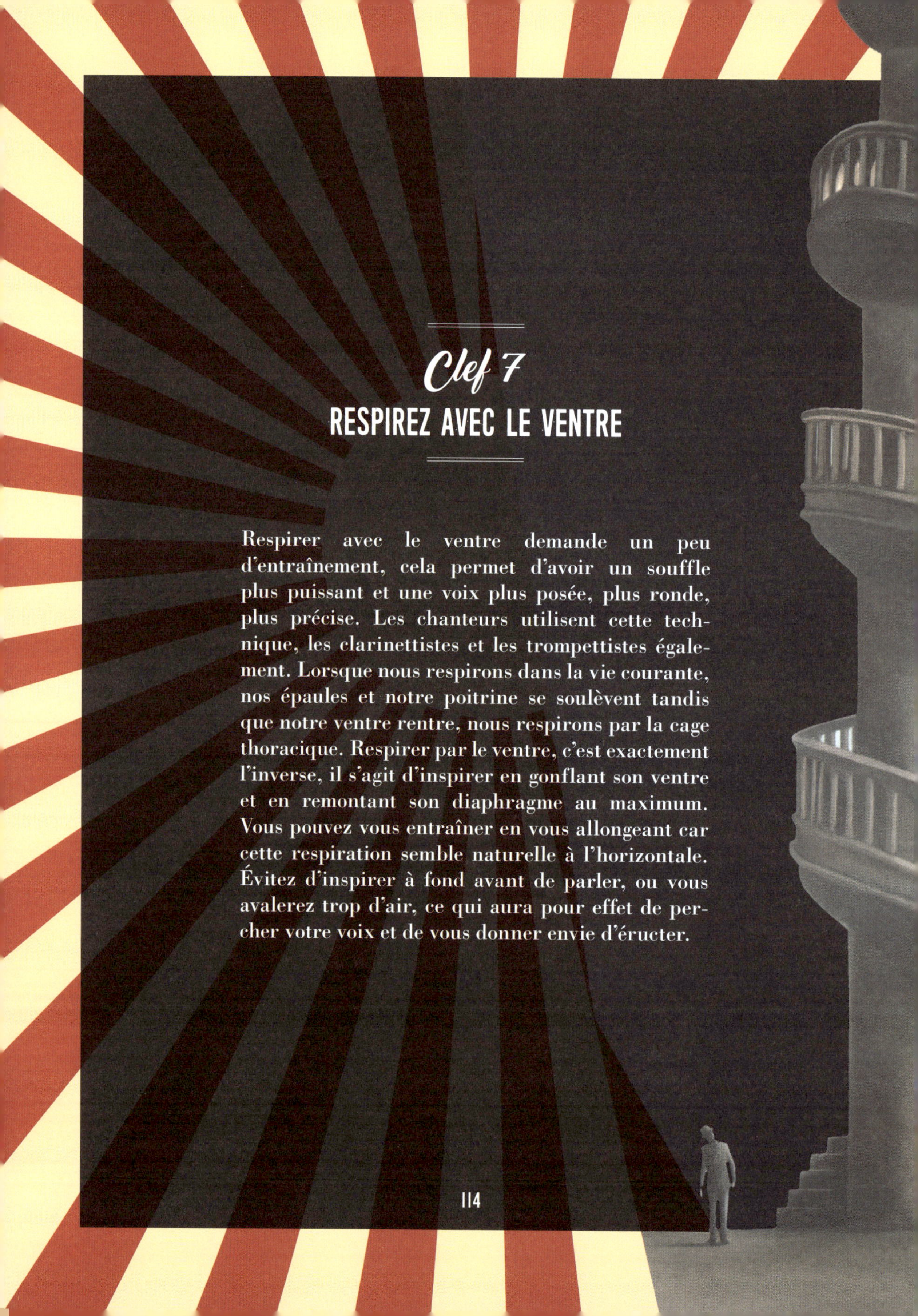

Clef 7

RESPIREZ AVEC LE VENTRE

Respirer avec le ventre demande un peu d'entraînement, cela permet d'avoir un souffle plus puissant et une voix plus posée, plus ronde, plus précise. Les chanteurs utilisent cette technique, les clarinettistes et les trompettistes également. Lorsque nous respirons dans la vie courante, nos épaules et notre poitrine se soulèvent tandis que notre ventre rentre, nous respirons par la cage thoracique. Respirer par le ventre, c'est exactement l'inverse, il s'agit d'inspirer en gonflant son ventre et en remontant son diaphragme au maximum. Vous pouvez vous entraîner en vous allongeant car cette respiration semble naturelle à l'horizontale. Évitez d'inspirer à fond avant de parler, ou vous avalerez trop d'air, ce qui aura pour effet de percher votre voix et de vous donner envie d'éructer.

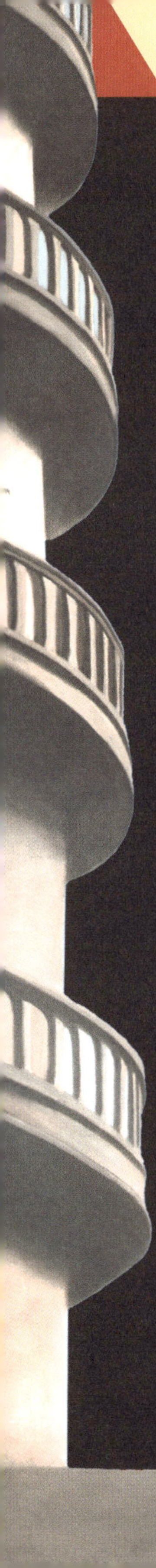

Clef 8
SOYEZ STRATÉGIQUE

Souvenez-vous des prénoms de vos interlocuteurs, si besoin notez-les discrètement sur le pupitre, comme le font les politiques lors de débats publics. Prenez le temps de remercier ceux qui doivent l'être en respectant la hiérarchie. Vous avez l'occasion de mettre en valeur certaines personnes en public, n'hésitez pas, celles-ci vous en seront éternellement reconnaissantes ! En un mot, prenez toute la lumière puis partagez-la avec les autres, vous n'en sortirez que grandi.

LES 7 CLEFS

pour convaincre

Clef 1

NE CHERCHEZ PAS À CONVAINCRE

Ne cherchez pas à convaincre à tout prix, ou vous n'inspirerez pas confiance. Dites-vous bien que vous n'avez pas à être ratifié, ni à obtenir l'aimable autorisation de votre interlocuteur, pour penser ce que vous pensez ou faire ce que vous voulez faire. Vous êtes libre et vous vous exprimez comme tel. C'est à vos interlocuteurs de saisir la chance que vous leur accordez en exprimant vos brillantes idées. En un mot, laissez-les se convaincre tout seuls, laissez-les venir d'eux-mêmes. Restez sûr de vous, posez vos appâts et regardez ailleurs en attendant que ça morde.

Clef 2
AFFICHEZ VOTRE INERTIE

Montrez votre inertie et donnez envie à vos interlocuteurs de monter dans votre train pour qu'ils profitent de votre puissance. Les choses doivent être claires, l'issue de la conversation n'aura pas d'incidence sur votre projet. la question n'est pas de savoir si celui-ci se fera, mais de savoir si votre interlocuteur y participera ou s'il laissera passer cette occasion en or. Pour cela, gardez de la distance et exposez votre proposition comme si cela ne concernait pas votre interlocuteur. Vous ne lui laissez que deux options : participer ou avoir des regrets.

Clef 3
LAISSEZ LE CHOIX

Il est bénéfique de formuler oralement à vos interlocuteurs leur possibilité de refuser votre offre. La formule : « Vous pouvez aussi ne pas participer, oublier tout ce que je viens de vous dire et passer à autre chose. Vous avez le choix ! » a fait ses preuves, et plusieurs études ont montré son efficacité. Cela provient probablement du fait qu'en vous entendant formuler vous-même cette option, vos interlocuteurs se sentent moins en danger. Vous dites clairement que vous ne leur mettrez pas le couteau sous la gorge… Il est donc inutile pour eux de se défendre !

Clef 4

VANTEZ VOTRE PROPOSITION

Si vous cuisinez un plat pour vos invités et que vous leur dites que vous avez loupé votre recette, les plus impolis ne manqueront pas de faire quelques remarques, comme s'ils étaient des experts culinaires. En revanche, si vous ne dites rien ou si au contraire vous dites que vous vous êtes surpassé, il est certain qu'ils apprécieront davantage votre plat. La présentation est aussi importante que le plat lui-même, disent certains chefs, si le goût passe par le plaisir de l'œil, il passe aussi par l'idée que l'on se fait du plat ! La formule « Goûtez-moi ça, vous allez vous régaler ! » est ce que la PNL (programmation neurolinguistique) appelle une « suggestion directe positive », cela est plus attractif que cette autre suggestion : « C'est trop cuit et j'ai mis trop de sel. » N'hésitez donc pas à vanter la qualité de vos idées et à vous mettre en valeur subtilement.

Pour tester cette technique au restaurant, vous pouvez vous amuser à dire que le plat est trop salé (alors que ce n'est absolument pas le cas) et observer la réaction des autres. Cette simple suggestion influencera la perception de leur goût, et beaucoup trouveront que le plat est effectivement trop salé. Vous pouvez aussi dire : « Vous sentez ce parfum de lavande ? », et même si ça sent tout sauf la lavande, beaucoup ne tarderont pas à sentir eux aussi la lavande. Ne sous-estimez pas le pouvoir de la suggestion.

Clef 5
TROUVEZ LE PITCH

Il faut résumer votre idée en une phrase. Une chose clairement énoncée devient évidente, limpide et séduisante. Si vos interlocuteurs perçoivent en quelques secondes le potentiel de votre proposition, ils imagineront eux-mêmes la suite de votre projet, ils s'impliqueront davantage et auront la sensation de participer au développement. S'ils se projettent dans l'idée, vous aurez fait plus de la moitié du chemin.

Clef 6

FAITES APPEL À L'INSTINCT

Nous prenons nos décisions en fonction de plusieurs facteurs, certains sont rationnels, d'autres sont émotionnels, certains appellent cela « l'instinct ». « J'ai senti que ce projet était le bon, et même si autour tout indiquait le contraire, j'ai fait confiance à mon instinct, et cela a été payant ! » Voilà ce que nous pouvons entendre parfois. Si vous parvenez à convaincre « l'instinct » de vos interlocuteurs, alors c'est gagné ! D'après la PNL, plus de 90 % de la communication est non verbale, ce qui voudrait dire que votre façon de présenter votre projet serait plus importante que le projet lui-même ! Sans aller jusque-là, le fait d'envoyer par votre attitude de bons signaux vous sera favorable, ceux-ci seront perçus de manière instinctive par vos interlocuteurs, et cela les mettra en confiance. Pour y parvenir, vous devez les considérer avec intérêt, les voir comme s'ils étaient vos meilleurs amis. Il ne s'agit pas d'être familier mais de les aimer, de les respecter silencieusement pour que votre corps transmette les bons signaux.

Clef 7

TROUVEZ UN CATALYSEUR

Le catalyseur est ce qui va finir de convaincre vos interlocuteurs et les faire basculer dans l'action. Cela peut être le temps ou l'argent, c'est souvent les deux à la fois. Lorsqu'un camelot fait l'article de ses produits, il peut volontairement ne pas parler du prix tout en laissant planer l'idée qu'il sera élevé. À la fin de son argumentation, il crée une rupture et annonce un prix raisonnable (ou qui semble l'être à ce stade). Évidemment, ce prix n'est valable qu'aujourd'hui et il faut se décider tout de suite ! C'est l'enchaînement de ces facteurs créés de toutes pièces qui déclenchera un achat. Pour ne pas brusquer vos interlocuteurs, vous pouvez amener le facteur temps en fixant avec eux une date pour vous revoir et prendre une décision ferme, vous les placez ainsi dans l'action et vous lancez avec eux le compte à rebours. Cela sera moins menaçant qu'un ultimatum, même si dans les faits c'est exactement la même chose !

« TOUTE INFLUENCE EST IMMORALE. INFLUENCER QUELQU'UN, C'EST LUI DONNER SON ÂME. »

OSCAR WILDE

« ET SA BEAUTÉ LAISSA LE CHAMP LIBRE À SA CONNERIE. »

DJOÉ, « DE ZÉRO À L'INFINI »

LES 7 CLEFS *pour vous mettre en valeur*

Encore une fois, rien ne sert d'être le plus fort si personne ne le sait, il faut donc trouver comment vous mettre en valeur, même si vous n'êtes pas le meilleur. Certaines personnes réussissent alors qu'elles en savent beaucoup moins que vous, comment ont-elles fait ? Elles ont su convaincre grâce à un talent de communicant ou grâce à un culot frisant la stupidité, les deux peuvent fonctionner. Vous trouverez ici les 7 clefs pour vous mettre en valeur subtilement et efficacement.

Clef 1

NE VOUS VANTEZ PAS

Certains se vantent du matin au soir, ils cherchent toujours à impressionner leur entourage en casant une petite phrase comme « Il y avait du monde à la Tour d'argent hier soir » ou « Ma voiture fait un drôle de bruit quand je dépasse les cent quatre-vingts à l'heure. » Ces gens sont insupportables. Les grands hommes font souvent preuve de pudeur et restent discrets sur leur patrimoine et leurs succès. Faites comme eux, ne parlez pas directement de vos succès, mettez en avant l'enjeu émotionnel pour obtenir l'empathie de votre entourage. Ainsi, préférez : « Je suis très fier de ce projet, il était complexe, difficile et ardu, mais le défi a été relevé et j'en suis très heureux » à : « Sans moi rien n'aurait marché, j'ai fait un boulot de dingue ! »
Vous pouvez organiser un dîner avec votre équipe pour fêter une réussite. Vous êtes l'organisateur de cet événement, vous êtes à l'origine du succès mais, dans votre infinie bonté, vous partagez. Faites en sorte que cette soirée soit marquante, et tout le monde se souviendra de ce succès. Mieux, ils ne se souviendront plus du projet lui-même mais se rappelleront toutes ces soirées, tous ces succès, tous vos succès.

Clef 2

METTEZ LES AUTRES EN VALEUR

Mettre en valeur les autres est une bonne façon de vous mettre en valeur vous-même. Il faut être soi-même un spécialiste pour vanter les mérites d'un grand spécialiste. De même, en louant le travail de votre équipe, vous vous présentez comme un bon meneur d'hommes. Dans le cercle amical, c'est exactement la même chose, parler de vos amis en bien prouve implicitement que vous êtes une personne de valeur, une personne suffisamment intéressante pour ces amis extraordinaires que vous côtoyez. Qui se ressemble s'assemble.

Clef 3

JOUEZ LES FAUX MODESTES

Même si cela peut se remarquer, c'est toujours mieux que de passer pour un frimeur. Si quelqu'un vous félicite, recevez ses félicitations sobrement, sans reparler de ce que vous avez réussi. Inutile de vous étendre ou de chercher à convaincre quelqu'un qui vous a déjà félicité. Restez simple et laissez ce succès vous porter. Montrez que vous avez tourné la page en parlant des projets futurs et de leurs implications, ainsi vous serez perçu comme un homme d'action tourné vers l'avenir.

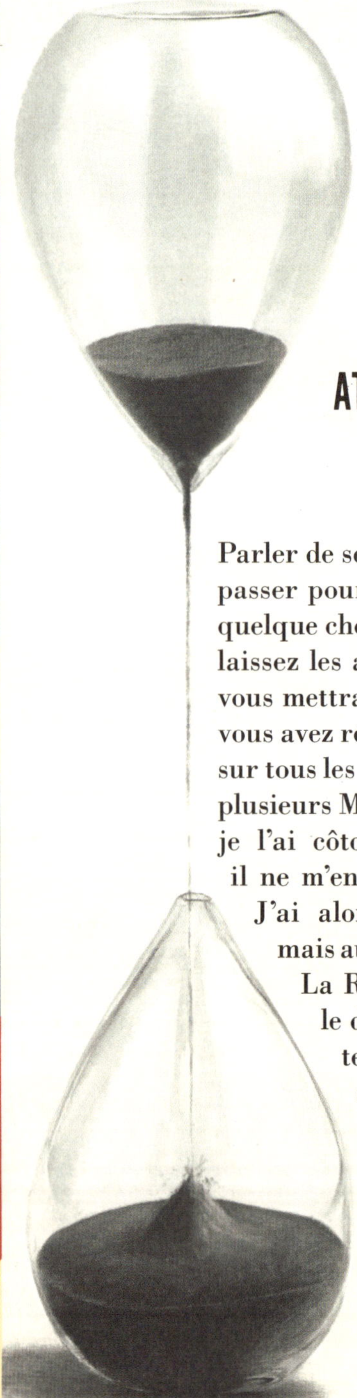

Clef 4

ATTENDEZ LE BON MOMENT

Parler de ses succès passés est le meilleur moyen de passer pour un has been. Lorsque vous réussissez quelque chose, n'en faites pas l'article tout de suite, laissez les autres l'apprendre par eux-mêmes, cela vous mettra d'autant plus en avant. Non seulement vous avez réussi, mais en plus vous ne l'avez pas crié sur tous les toits. J'ai par exemple un ami qui a reçu plusieurs Molière et autres récompenses théâtrales, je l'ai côtoyé pendant plusieurs mois et jamais il ne m'en a parlé, je l'ai découvert par hasard. J'ai alors loué les récompenses elles-mêmes, mais aussi son humilité et sa discrétion. D'après La Rochefoucauld, le refus des louanges est le désir secret d'être loué deux fois. Si toutefois personne n'est au courant de vos succès, mandatez un proche pour les faire connaître.

Clef 5
SOIGNEZ VOTRE APPARENCE

Malheureusement, l'apparence occupe une grande place dans l'échelle de valeurs de la plupart des gens, et votre apparence est votre première carte de visite. Il est donc important de garder la forme pour renvoyer l'image de quelqu'un qui vit sa vie sans la subir. Cela passe par quelques détails simples qui ne demandent que peu d'efforts.

Rendez-vous chez un bon coiffeur, qui saura trouver les bons volumes pour équilibrer votre visage. Prenez soin quotidiennement de vos cheveux et coiffez-vous dès que vous pouvez. Si vous avez une barbe, allez chez le barbier qui la taillera comme il faut puis achetez le nécessaire pour l'entretenir correctement. Si comme moi vous perdez vos cheveux, rasez-vous la tête. Si cette idée ne vous enchante pas, il existe des postiches très bien faits, mais le coût mensuel est élevé car il vaut mieux y mettre le prix pour ne pas avoir de mauvaises surprises. Je connais un homme portant une perruque aussi laide que ses verres de contact colorés, cela ne fait pas très sérieux.

Prenez soin de votre sourire. Consultez votre dentiste si vos dents sont tachées ou de travers, et faites un contrôle tous les ans. Gardez une haleine fraîche en vous brossant les dents plusieurs fois par jour, utilisez un spray ou des pastilles dans la journée.

Et enfin, portez des vêtements à votre taille, ce qui est rarement le cas chez la plupart des gens.

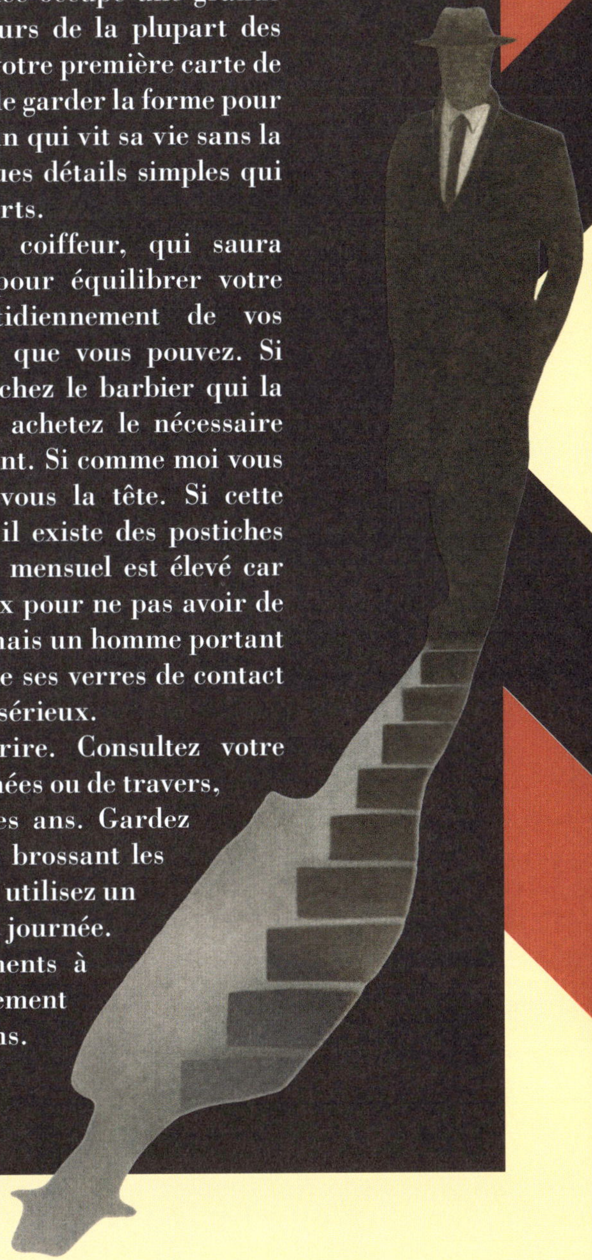

Clef 6

ATTENTION À VOTRE POSTURE

Il est important de se tenir bien droit, que vous soyez assis ou debout, afin de donner l'image d'un homme qui assume ce qu'il est, et qui ne s'excuse pas d'être là. Assis, ne vous ramollissez pas en courbant le dos, asseyez-vous dans le fond de la chaise, le dos bien droit, à quelques centimètres du dossier. En posant vos avant-bras sur la table, vous gagnerez en stabilité. Lorsque vous marchez, tenez-vous droit, sans bomber le torse, et gardez un port de tête horizontal, trop bas vous subissez la vie, et trop haut vous paraîtrez suffisant.

Clef 7

UTILISEZ VOS MAINS

Le langage des mains est très riche et peut apporter de la clarté à un discours. Ces mouvements permettent aussi de rythmer vos propos et vous forcent inconsciemment à donner une musicalité à votre voix. Il faut toutefois éviter de faire trop de gestes et d'entrer dans la caricature, pour cela bougez de temps en temps seulement, faites-le lentement et précisément. Vous pouvez aussi vous trouver une signature visuelle comme le font souvent les politiques. Lorsque des imitateurs calquent le langage corporel de Jacques Chirac, ils placent leurs mains face à face, chaque doigt touchant les doigts de l'autre main, comme si l'une était l'image de l'autre dans un miroir. Le fait de joindre ses mains de cette manière donne une sensation de maîtrise et de calme. Pendant la campagne de 2012, François Hollande reprend le geste de François Mitterrand en serrant le poing comme s'il tenait une baguette de chef d'orchestre pointée vers le haut. Les gestes s'ancrent dans notre mémoire et le fait de les reproduire n'est pas anodin, au-delà des idées, cela fait passer des émotions.

« LES SAINTS SCULPTÉS ONT EU BEAUCOUP PLUS D'INFLUENCE DANS LE MONDE QUE LES SAINTS VIVANTS. »

GEORG CHRISTOPH LICHTENBERG

LES 7 CLEFS
pour obtenir ce que vous voulez

Clef 1
LA GENTILLESSE

Si vous demandez quelque chose avec une extrême gentillesse, en y mettant les formes et le plus grand respect, alors il sera difficile de vous refuser quoi que ce soit sans passer pour un monstre. Toutefois, si quelqu'un utilise cette technique avec vous et que vous ne voulez pas vous soumettre, dites-lui un grand non avec encore plus de gentillesse ! « Non, je suis vraiment désolé mais ça ne sera pas possible pour un tas de raisons. C'est dommage, j'aurais tant aimé vous aider, vous êtes si gentil, si aimable ! J'espère vraiment que vous trouverez une solution ! Merci d'avoir pensé à moi, je vous souhaite plein de belles choses... »

Clef 2
LA SÉDUCTION

Si vous demandez quelque chose à quelqu'un comme si cela était un prétexte pour lui parler ou pour l'aborder, cette personne s'en sentira flattée et sera plus encline à accéder à votre demande, comme pour prolonger cette situation agréable. Si vous avez de vrais atouts physiques, alors vous obtiendrez sans nul doute ce que vous voulez. La beauté est l'arme absolue face à beaucoup d'individus. Néanmoins, il n'est pas nécessaire d'être un top model pour séduire ou donner la sensation à l'autre de compter ! Il est toujours agréable de se sentir désiré, et utilisée de manière respectueuse et subtile, la séduction est une arme redoutable, même au téléphone.

Clef 3
INSTAUREZ LE BON CLIMAT

Inutile de demander les choses quand vous savez ou sentez que ce n'est pas le moment. Pour capter l'attention de vos interlocuteurs, il faut trouver le bon timing, créer le bon climat et mettre toutes les chances de votre côté. Par exemple, il vaut mieux présenter un projet le mercredi ou le jeudi pour éviter le lundi, où se règlent les affaires courantes, et le vendredi, où se prépare déjà le week-end.

Clef 4
ÉVITEZ LES DEMANDES DIRECTES

Si votre demande est trop directe, vous pouvez recevoir un non tout aussi direct. Il vaut mieux amener les choses progressivement. Il y a deux écoles radicalement différentes. La première consiste à demander une petite chose sans importance pour obtenir un premier oui ; puis vous demandez un petit peu plus pour obtenir un deuxième oui, et vous continuez progressivement jusqu'à atteindre l'objet réel de votre demande. Habitué à dire oui, votre interlocuteur sera plus enclin à répondre favorablement à votre demande. L'autre école consiste à demander beaucoup d'emblée pour ensuite demander moins, comme si vous aviez fait des concessions, comme si vous aviez fait vous aussi un effort de négociation. Les deux techniques sont à l'opposé l'une de l'autre, mais elles fonctionnent toutes les deux, à vous de choisir.

Clef 5
LE MIROIR

L'objectif est de vous synchroniser avec votre interlocuteur afin de lui envoyer les bons signaux, tous ces microsignes non verbaux qui instaurent une atmosphère de confiance. Pour cela vous pouvez reproduire ses gestes, respirez en même temps que lui, reformuler ses phrases, réutiliser une partie de son vocabulaire. Vous dégagerez ainsi un sentiment de confiance et il vous sera plus facile d'obtenir ce que vous voulez. Nous sommes tous enclins à nous entendre avec ceux qui nous ressemblent.

Clef 6
CHOISISSEZ VOTRE INTERLOCUTEUR

Avant tout, assurez-vous que votre interlocuteur a réellement les moyens de vous donner ce que vous attendez. N'oubliez pas non plus que si vous désirez quelque chose, plusieurs personnes peuvent vous le procurer. Adressez-vous en premier à celles qui vous sont redevables ou à celles qui vous semblent les moins combatives. N'hésitez pas non plus à les mettre en concurrence si la situation le permet.

Clef 7
FAITES SENTIR QUE VOUS NE SEREZ PAS INGRAT

Un prêté pour un rendu. « Je vous renverrai l'ascenseur. » En un mot vous devez montrer que vous avez des connexions et que vous pouvez lui en faire profiter.

LES 7 CLEFS

pour devenir un requin

Pour ne pas flancher et vous motiver, répétez ces phrases devant votre miroir :

1. Il n'y a rien de personnel, ce sont les affaires, manger ou être mangé, il n'y a pas d'autres choix.
2. Je prends les choses car personne ne me les donnera.
3. Il n'y a que le résultat qui compte.
4. J'avance pour moi, pour ma famille, pour survivre.
5. La vie est trop courte pour être petite.
6. Pourquoi pas moi à la place d'un autre ?
7. Je ne m'excuserai pas d'exister.

« LA VIE,
C'EST
COMME UNE
BICYCLETTE,
IL FAUT
AVANCER
POUR NE
PAS PERDRE
L'ÉQUILIBRE. »

ALBERT EINSTEIN

LES 7 CLEFS
pour neutraliser les toxiques

Il existe des personnalités toxiques de nature. Il n'est pas toujours simple de les repérer car elles ne se cachent pas forcément du côté des « méchants ». Ces empoisonneurs peuvent faire partie de votre famille, de vos amis, de ces gens qui vous veulent du bien et qui semblent très sympathiques en apparence. Le problème majeur avec ces individus, c'est qu'ils sont généralement de bonne foi et ne se rendent pas compte du mal qu'ils font autour d'eux. Mais après tout peu importe qu'ils le fassent exprès ou non, qu'ils soient de faux gentils ou de vrais méchants, vous devez trouver une parade à leurs nuisances. Comme il est parfois impossible de couper les ponts, voici quelques techniques qui pourront vous aider.

Clef 1
IDENTIFIEZ VOTRE BOURREAU

Pour le neutraliser, il faut d'abord cerner le type de toxique auquel vous avez affaire et réagir en conséquence. Vous trouverez les personnalités types dans le chapitre suivant, ainsi que la façon de procéder. Les points ci-après peuvent s'appliquer à n'importe quel type de toxique.

Clef 2
PRENEZ DE LA HAUTEUR

Une fois une personne identifiée comme toxique, les relations avec elle sont généralement plus faciles à gérer émotionnellement parlant. Dites-vous que si cette personne se conduit mal avec vous, c'est d'abord par nature, son agressivité n'est pas spécifiquement dirigée contre vous. Comprenez bien qu'il n'y a rien de personnel et qu'il est inutile de douter de vous-même ou de vous remettre en question. Dites-vous que désormais vous avez percé à jour votre interlocuteur et que de ce fait vous avez pris le pouvoir sur lui. Essayez de le voir comme une fourmi, un petit être dont vous avez compris le fonctionnement, tout sera plus simple vu sous cet angle.

Clef 3

DÉTOURNEZ LEUR ATTENTION

Vous pouvez donner aux toxiques un os à ronger loin de vous. Présentez-leur d'autres toxiques, vous ferez d'une pierre deux coups ! Ainsi, si vous avez affaire à un psychorigide, mettez-le en relation directe avec un extraverti ; si une brute vous ennuie, provoquez un conflit entre elle et un psychorigide, et ils deviendront fous ! Mieux encore, présentez-lui une autre brute, et ces deux toxiques se calmeront. Plutôt que de subir ces empoisonneurs, utilisez-les comme des armes pour faire le sale boulot à votre place. Pour les mettre en relation, tous les prétextes sont bons : dîners, expositions, réunions ou projets professionnels. Sous prétexte d'agrandir votre réseau lors d'un dîner, par exemple, vous pouvez les inviter et les faire asseoir côte à côte ! Inviter son ennemi à dîner pour s'en débarrasser ne manque pas d'audace !

Clef 4
MONTREZ-VOUS INUTILE POUR EUX

Pour vous éloigner des toxiques sans qu'ils ne reviennent constamment à la charge, vous devez faire en sorte qu'ils s'éloignent d'eux-mêmes. Lorsqu'ils comprendront clairement qu'ils n'obtiendront jamais ce qu'ils attendent de vous, ils iront exercer leurs talents de casse-pieds ailleurs. Pour cela, vous devez trouver ce qu'ils désirent et vous inventer toutes les excuses du monde pour montrer que vous êtes dans l'incapacité de le leur apporter. Vous pouvez jouer à l'idiot, à l'incompétent, au fainéant, les excuses ne manquent pas. Il y a cet exemple du jeune stagiaire qui travaillait en régie sur les tournages de cinéma. Tout le monde lui demandait sans cesse d'aller lui chercher un café. Pour ne plus être ennuyé, il apportait sciemment un café au lait sucré à celui qui le voulait noir, et inversement. Très vite, les membres de l'équipe se sont servis eux-mêmes et ont cessé de lui faire perdre son temps. Temps qu'il a mis à profit pour faire des films et créer l'une des plus grandes sociétés de production. Le stagiaire s'appelait Luc Besson.

Clef 5

MONTREZ-VOUS INOFFENSIF

Si vous représentez un danger pour vos toxiques, ils s'acharneront jusqu'à vous détruire totalement. Vous devez donc montrer que vous naviguez dans d'autres eaux et que vos ambitions sont à l'opposé des leurs. En d'autres termes, vous ne chassez pas sur leurs terres et eux sur les vôtres, inutile donc de se mettre des bâtons dans les roues ou même de se côtoyer. Si votre collègue cherche à vous enfoncer pour obtenir une promotion à votre place, dites-lui naïvement que vous ne voulez pas du poste parce que vous êtes trop stressé, parce que vous avez l'esprit ailleurs, parce que ça ne vous intéresse pas. Ajoutez qu'il serait parfait pour le poste et que vous serez ravi de travailler sous sa direction, et vous serez débarrassé. Ne doutez pas de la crédulité des toxiques, si vous faites un peu l'idiot, ils croiront tout ce que vous leur direz. Évidemment, vous ferez tout pour obtenir le poste s'il vous fait envie.

Clef 6

FAITES LE MORT

Moins vous verrez ces individus et mieux vous vous porterez. S'ils vous téléphonent, ne répondez pas, faites dire que vous êtes en réunion où à l'extérieur. S'il s'agit d'amis ou de membres de la famille, ne répondez pas et laissez quelques jours passer sans donner de nouvelles. De manière générale, ne répondez jamais aux messages tout de suite. S'il n'y a pas d'urgence, attendez toujours le dernier moment pour réagir, vous n'êtes pas à leur disposition, votre vie est riche et bien remplie. Cela vous donne une certaine puissance, implicitement, vous montrez qu'ils ne sont pas suffisamment importants pour vous détourner de votre chemin. Lorsque finalement vous serez en face d'eux, vous pourrez tout simplement leur dire que vous étiez débordé ou que vous aviez d'autres urgences sans entrer dans les détails. Si vous comptez des amis toxiques, faire le mort est le meilleur moyen de vous en débarrasser, repoussez leurs invitations ou annulez-les à la dernière minute, et ne répondez plus au téléphone, rappelez-les deux jours après, à l'heure des repas.

Clef 7

FAITES LE DEUIL

N'attendez plus rien de ces personnes, elles vous ont déçu de nombreuses fois, inutile de leur donner l'occasion de recommencer. À coup sûr elles ne pourront s'empêcher de vous nuire encore, mais cela ne vous atteindra plus car pour vous elles ne font définitivement plus partie de l'équation.

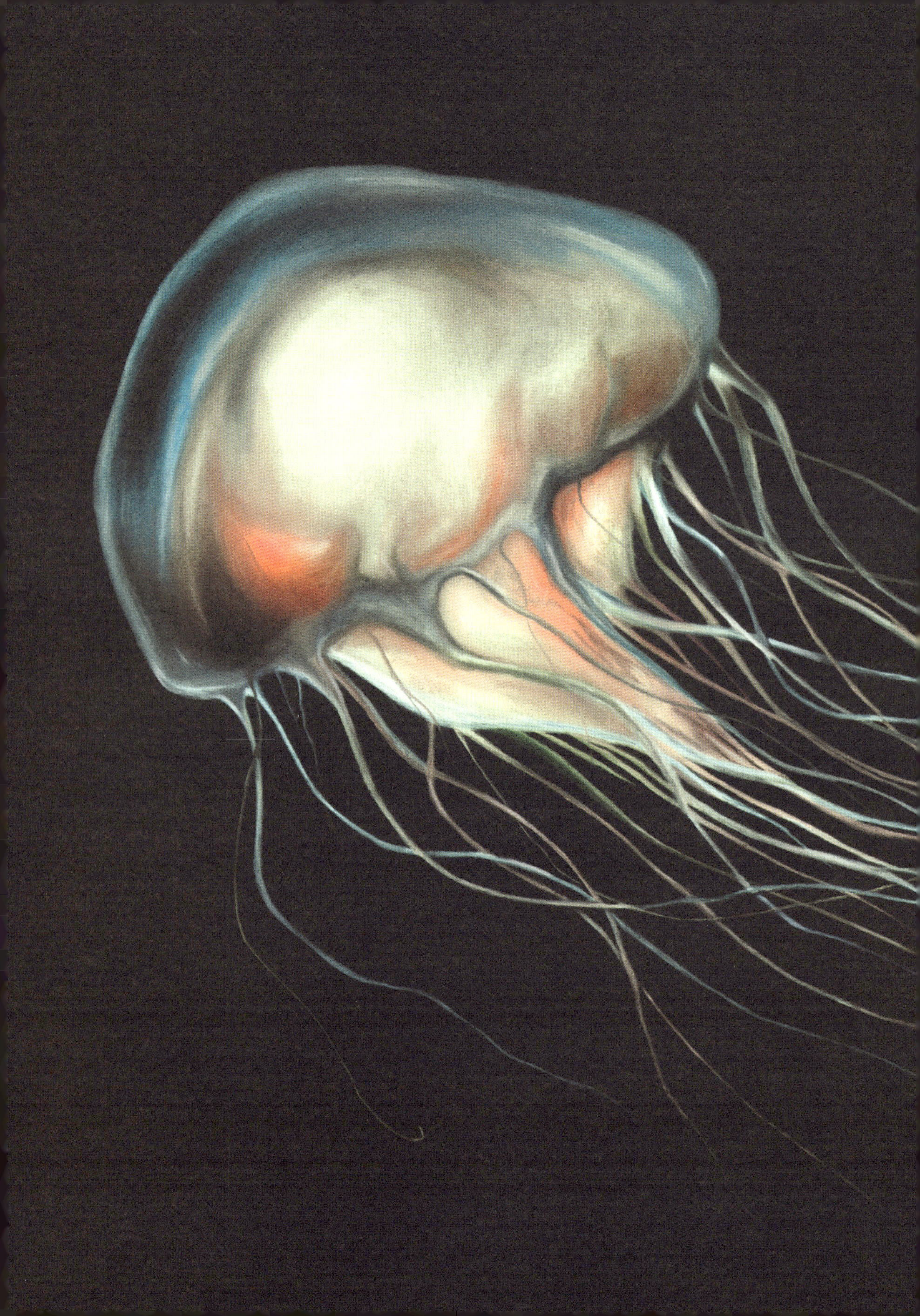

LES 7 TYPES DE TOXIQUES

et leurs points faibles

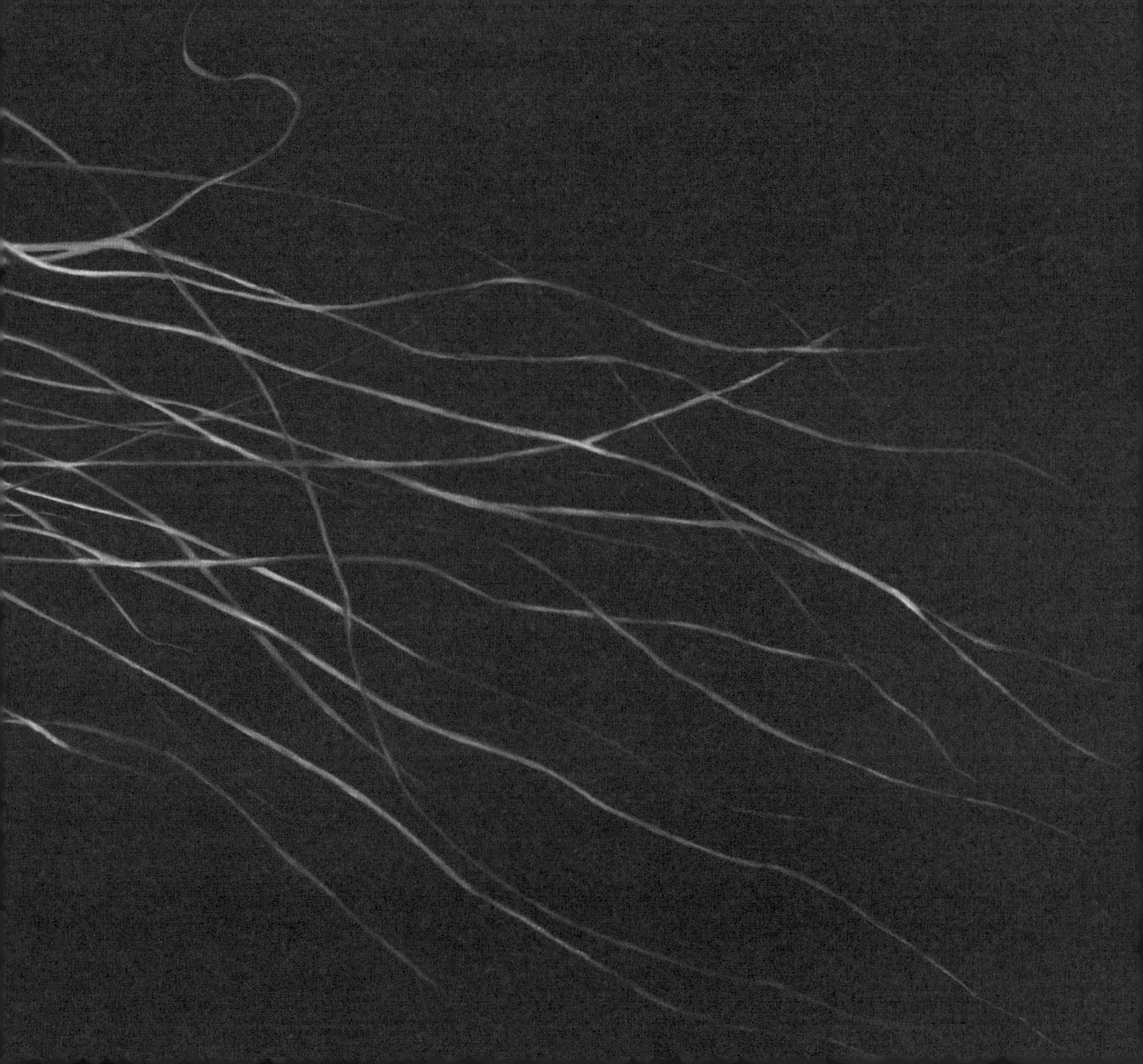

Il est difficile de réduire un individu à un stéréotype. Si nous sommes tous faits de la même matière, nous sommes des individus différents, pourvus de personnalités complexes et contradictoires. Le portrait que nous pouvons dresser d'une personne change au cours de son existence, et même au cours de la journée. L'environnement, notre état de santé et toutes sortes de vibrations rationnelles nous façonnent et nous poussent à nous montrer sous certains aspects de notre personnalité. Les 7 portraits types que vous trouverez dans ce chapitre ne peuvent décrire une personne d'une manière globale et définitive, mais ils vous aideront à identifier les profils des toxiques que vous pouvez rencontrer et vous indiqueront comment réagir.

Clef 1
LE BÉLIER

Il s'agit d'un fonceur, quelqu'un qui n'a pas peur et qui s'épanouit dans l'action. Il aborde les conflits comme des occasions à saisir pour avancer. Il aime prendre des décisions unilatéralement et n'hésite pas à donner un grand coup de pied dans la fourmilière juste pour voir ce qu'il se passe et pour que la situation évolue. Il est persuadé que la situation ne peut évoluer qu'à son avantage. Il est parfois brutal et ne s'encombre pas des états d'âme des autres. Il décide vite par impatience et par manque de prudence. Il multiplie les projets, a toujours mille idées en même temps, et s'il parvient à mener à bien certains de ces projets, c'est souvent par un heureux hasard. Il aime prendre des risques qui s'avèrent parfois payants. Il donne souvent l'impression d'une grande confiance en lui mais son culot provient essentiellement de sa mauvaise éducation et de son sans-gêne. Il est extraverti, il parle fort et aime les privilèges, même minimes.

Avec ce genre de toxique, n'allez pas au conflit directement ou vous serez immédiatement éliminé s'il en a le pouvoir. Ce bélier est un kamikaze qui n'hésitera pas à se faire exploser avec vous, car au fond de lui-même il est persuadé de pouvoir renaître de ses cendres. Dans la vie de tous les jours, soyez poli, évitez le non direct et flattez ses prises de décision audacieuses et son instinct. Cela vous laissera le temps d'élaborer un piège pour le neutraliser définitivement, un piège qui devra montrer à tous son incompétence technique ou son ignorance sur un sujet bien précis.

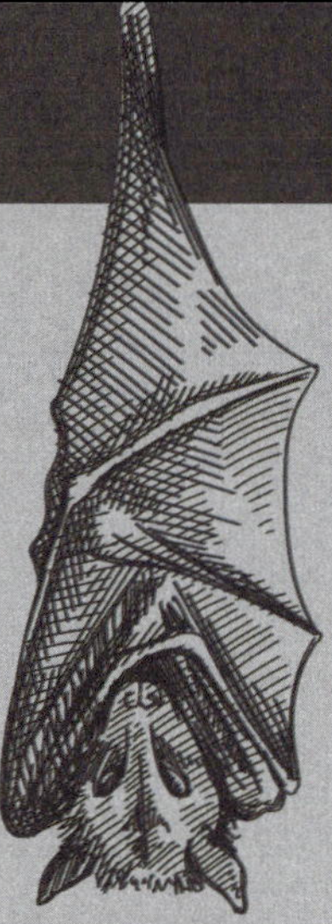

Clef 2
LA CHAUVE-SOURIS

Il a souvent fait de hautes études ou a réussi à s'échapper du milieu auquel il était destiné. Il aime la compétition et lorsqu'il s'est fixé un objectif, il ne lâche rien. Il possède une grande capacité de travail. Il est efficace et sait que la victoire aime l'effort. Il a tous les atouts pour être un meneur. Il a l'esprit de synthèse et une vision à long terme. Il est patient et va toujours au bout de ses projets, même si cela doit lui coûter. Dans son inertie, il a du mal à retourner en arrière et prendre du recul sur lui-même. Focalisé sur son plan d'action, il ne remet jamais en cause ses actes, persuadé d'avoir fait les bons choix pour avancer. Face à l'imprévu, il peut perdre pied et affronter ces vagues de plein fouet plutôt que de les éviter.

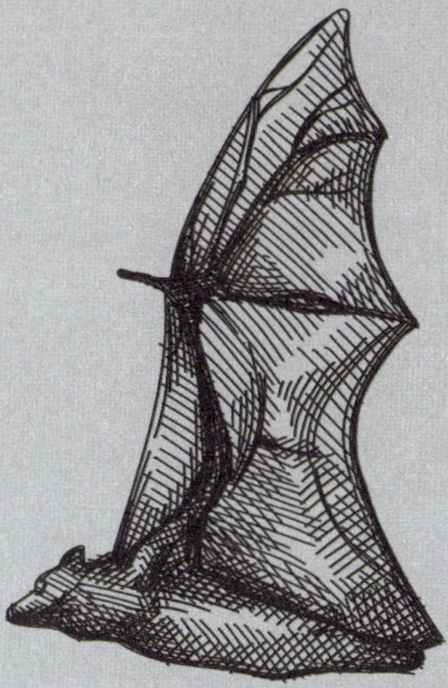

Il est souvent maniaque et ne supporte pas ceux qui ne lui ressemblent pas. Il ne se défile pas et ne pardonne pas aux lâcheurs. Il est capable de vous entraîner de force dans ses projets sans vous remercier et en s'attribuant tout le mérite. Comme un vampire, il prend autour de lui l'énergie dont il a besoin pour avancer.

Pour le neutraliser, n'hésitez pas à le mettre face à l'imprévu. Créer des situations mouvantes avec de faux problèmes qui gangréneront son esprit et sa paranoïa latente. Ne donnez les informations importantes qu'à la dernière minute pour le forcer à improviser. Responsabilisez-le, encouragez-le sans jamais l'aider. S'il a une grande capacité de travail, il a aussi un cerveau qui tourne à plein régime et qui veut tout contrôler, aussi n'hésitez pas à embrouiller son esprit avec des détails qui deviendront rapidement essentiels à ses yeux.

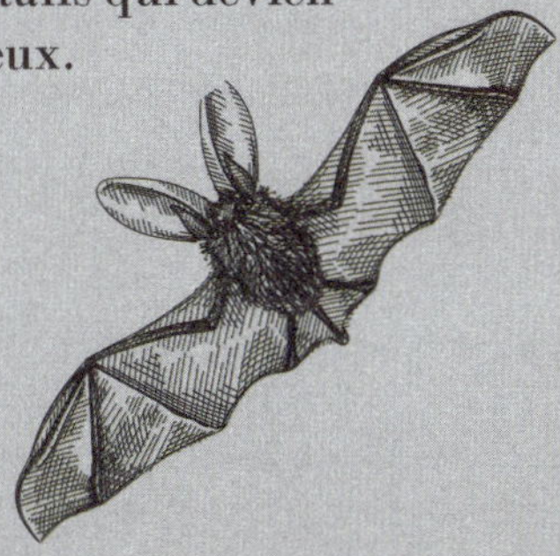

Clef 3

LE PAPILLON

Il se laisse divertir facilement. Il a du mal à se concentrer et doit faire beaucoup d'efforts pour travailler. Il s'ennuie vite. Il est parfois paresseux et se trouve toujours une excuse pour ne pas agir. C'est toujours de la faute des autres ou du contexte, mais jamais de la sienne. Il arrive souvent en retard aux rendez-vous et ne prend pas la peine de s'excuser. Il compte souvent sur son charme pour faire passer la pilule. Il est capable de s'adapter facilement aux situations et aux personnes qu'il rencontre. Il n'est fidèle ni en amitié ni en amour. Les choses ont peu de valeur pour lui, et il se lasse très vite. Il semble pouvoir refaire sa vie ailleurs du jour au lendemain sans en être perturbé. S'il est égocentrique, il se croit pourtant discret et généreux. Il pratique généralement une activité qui le met en valeur et dans laquelle il se conduit en dictateur (capitaine d'une équipe de foot amateur, leader d'un groupe de musique ou même bénévole en chef d'une association). Son arme favorite est le chantage affectif.

Très émotif, il peut parfois perdre son sang-froid et se conduire comme un hystérique pour finalement s'en excuser quelques heures après.

Son point faible est la prise de décision, il a toujours peur de s'engager sur le mauvais chemin. Il peut analyser une situation mille fois et la retourner dans tous les sens pour savoir quoi faire, et cela lui prend tout son temps. Il est de nature peureuse, chez lui, c'est souvent l'inaction ou le confort rationnel qui l'emporte. Pour le détruire, il faut lui mettre la pression, provoquer une situation d'urgence (il faut décider rapidement), lui demander de faire un choix (crucial et dont il assumera les conséquences), augmenter les enjeux (c'est son travail qui est sur la sellette), créer des inconnues, des forces extérieures, et lui faire sentir qu'il est testé (en haut, on le regarde). Enfin laissez-lui entendre une remarque sur sa personnalité venant d'un tiers (qui aurait dit de lui que…), et vous obtiendrez le parfait mélange pour qu'il explose en plein vol.

Clef 4

LE SERPENT

C’est un homme de réseau qui réussi à se faire une place de premier plan. Il a du pouvoir et c’est pour lui plus précieux que l’argent. Il gagne très bien sa vie et s’offre tout ce qu’il souhaite sur des coups de tête. Il n’aime pas être contredit, il aime les excès et surtout y entraîner les autres. Il n’est pas avare et se montre très généreux sur le plan matériel. À part quelques fidèles, il n’a pas de vrais amis et il le sait. Il réfléchit plus en termes d’alliance que d’amitié et trompe le temps avec des gens sans importance qu’il considère comme de distrayants pantins. Il a une haute opinion de lui-même car il s’est fait tout seul, par la ruse et par le travail. Il est capable de retourner sa veste en un instant, de se transformer en agent double ou même triple pour obtenir ce qu’il veut. Il est perçu comme un manipulateur et un être instable. Il passe généralement d’une relation à une autre en amour comme en amitié et se montre peu fidèle. Les serpents sont des personnes très utiles qui peuvent vous permettre d’avancer, et même d’aller

très loin. Vous pouvez jouer franc jeu avec eux et passer des marchés bénéfiques pour les deux parties : « Donne-moi ce que je veux et je te donnerai ce que tu veux. » En revanche, faites attention à vous et fixez des règles claires, si vous jouez une partie ensemble, ce sera d'égal à égal, aucun manque de respect ne sera toléré. Si vous vous laissez faire une fois, ce sera trop tard, vous n'obtiendrez plus rien. Un serpent a besoin d'estimer ceux avec qui il collabore, et c'est en étant ferme et en fixant des limites que vous y parviendrez. Attendez-vous tôt ou tard à ne plus faire partie de son paysage dès qu'il aura obtenu ce qu'il désire, mais ne vous en offusquez pas. Si vous avez fait de bonnes affaires avec lui, vous pourrez vous recontacter plusieurs années après et vous vous parlerez comme si vous n'aviez jamais cessé d'être amis. Le serpent est probablement le genre de toxique le plus dangereux, car si vous le laissez trop entrer dans votre vie, vous perdrez tout. Vous avez affaire à une personne très intelligente que vous ne manipulerez pas mais avec laquelle vous pourrez manipuler les autres pendant un temps. Un petit temps seulement.

Clef 5

LE HIBOU

Vous avez cette fois affaire à un individu psychorigide. Il veut que les choses soient claires et n'aime pas le changement. Il aime établir des règles et les soumettre aux autres. Il est persuadé de détenir la vérité, pratique le prosélytisme et ne supporte pas d'être contredit, même s'il ne l'exprime pas directement. Il est très précis et compétent dans son travail. Il est plutôt solitaire et s'intéresse à des sujets pointus qu'il ne maîtrise pas forcément.

Il est très patient et habile de ses mains. Il est toujours à l'heure et ne supporte pas le retard des autres, même s'il arrondit les angles pour éviter les conflits directs. Il semble capable de garder son calme en toute circonstance, mais il peut agir de manière étrange et violente par un esprit de justice personnel. Il serait par exemple capable de crever le pneu d'une voiture si celle-ci est garée sur son emplacement. Il agit toujours dans l'ombre, garde ses ennemis proches de lui pour les surveiller.

Fin tacticien, c'est aussi un lâche qui évite de se mettre en danger pour défendre ses opinions. Peu sûr de lui, il préfère prendre le temps de la réflexion pour agir. Très rancunier, il peut attendre des mois pour se venger sans être soupçonné. Il aimera occuper une place de premier plan même si la lumière lui fait peur. Il est généralement radin et s'il vous rend service, il s'en souviendra longtemps et vous considérera comme redevable. Les hiboux, immobiles et apparemment inoffensifs, sont très nocifs, et vous aurez beaucoup de mal à vous en débarrasser. S'ils font de bons amis un temps, ils seront de pires ennemis encore ! Aussi ne vous confiez pas à eux et ne les laissez pas voir vos cartes, car ils n'hésiteront pas à utiliser ce qu'ils savent de vous pour les coups bas les plus vulgaires. Pour les canaliser, vantez leurs compétences, trouvez-vous un ennemi commun pour qu'ils dirigent leur rancœur et leur frustration vers lui et non vers vous. C'est ce détournement d'attention qui vous sauvera. N'oubliez pas d'ajouter un peu d'huile sur le feu pour entretenir la flamme et conserver votre tranquillité. Si vous le pouvez, coupez les ponts, car tôt ou tard cette relation implosera, d'autant plus vite s'il est question d'argent entre vous. Ne faites pas d'affaires ensemble, sous aucun prétexte.

Clef 6
LE PAON

Il aime la lumière, se croit irrésistible et ne doute pas une seconde de son intelligence. Généralement, il n'a pas fait d'études poussées car dans son échelle de valeurs les vraies choses s'apprennent sur le tas. Il passe son temps à donner son avis sur tout et monopolise la parole dès que l'occasion se présente. Il raffole des forums Internet, des clubs ou des réunions de copropriété. Il passe son temps à donner des leçons sans aucune légitimité. Il est incompétent, peu efficace et souffre d'un complexe de supériorité. Il a des projets plein la tête mais il ne sait pas les réaliser. Il parvient parfois à briller par quelque imposture, ce qui lui donne une grande confiance en lui. Ne doutant de rien, il se croit capable de tout réaliser, et même lorsqu'il se ridiculise, il s'illusionne lui-même pour ne pas le voir. Il se conduit comme un goujat, il est sans-gêne et ne dit jamais merci.

Ce genre d'individu peut vivre au crochet d'un ami ou d'une relation amoureuse en s'incrustant dans son appartement. Les paons sont frustrés, jaloux et très émotifs.

Ces toxiques peuvent vous agacer, mais ce sont les moins dangereux. Ils sont juste chronophages si vous accordez de l'importance à leurs bêtises, mais ça ne va pas plus loin. Ils font de parfaits ennemis car s'ils vous ont dans leur viseur, ils assureront parfaitement votre publicité (voir « 7 clefs pour se faire des ennemis »). Avec ces individus, vous pouvez faire ce que vous voulez, leur dire leurs quatre vérités ou les ignorer. La deuxième option est préférable : accros à la lumière et aux situations conflictuelles, ils vivront votre ignorance comme la pire des injures. Faites comme vous voudrez, amusez-vous un peu, mais ne perdez pas trop de temps, vous avez tellement mieux à faire !

Clef 7
LA MYGALE

Le pervers narcissique est le toxique le plus dangereux de tous, il peut conduire à votre destruction psychologique, et même vous pousser au suicide. Lisez attentivement la description suivante pour voir si vous reconnaissez quelqu'un. Cette mygale n'a pas besoin de répondre à tous les critères exposés pour être vénéneuse, seule la moitié suffit. Si vous pensez à quelqu'un avant même d'avoir lu ces lignes, c'est déjà un signe.
Cette personne est généralement un proche, souvent il s'agit d'une relation amoureuse toxique mais il peut aussi s'agir de votre meilleur ami ou d'une personne de votre famille. La mygale semble généralement très sympathique et est appréciée de son entourage. Elle se montre généreuse et a le sens du partage. Obsédée par l'image qu'elle renvoie, elle est prête à tout pour se faire apprécier et est suffisamment rusée pour y parvenir. Pour elle, tous les moyens sont bons. Quand vous n'êtes pas là, elle se plaint de votre comportement et se fait passer pour une victime afin d'attirer l'attention des autres et obtenir leur ratification. Elle lave son linge en public pour vous diminuer et se faire plaindre. En public et en votre présence, elle vous rabaisse par de petites phrases innocentes ou sous le couvert de l'humour.

Elle considère qu'elle donne beaucoup et attend donc beaucoup de votre part, comme un juste retour des choses. Vous devez toujours être disponible, peu importe ce que vous faites ou où vous vous trouvez, si elle a besoin de vous, vous devez tout arrêter tout de suite pour elle. Elle pratique le chantage ouvertement et vous fait culpabiliser en inversant les rôles. Très autoritaire lorsque vous n'êtes qu'à deux, elle ne supporte pas d'être contredite. Elle souffre d'un complexe de supériorité et pense détenir la vérité absolue. Elle se dit ouverte à toute discussion, qu'elle transforme en conflit car elle y voit l'occasion d'exposer son intelligence et d'éprouver sa force.
La mygale prêche le faux pour savoir le vrai et ment constamment pour des bêtises. Vous avez souvent le sentiment de subir un interrogatoire, et un simple regard ou une petite phrase innocente devient le centre d'un procès démesuré dans lequel vous êtes l'accusé. Vous vous sentez constamment obligé de vous excuser. D'une jalousie maladive, elle ne vous fait aucune confiance et vous traite comme un enfant ou comme un élève. Si vous êtes un homme, elle remet en cause votre virilité, si vous êtes une femme, c'est votre physique ou votre poids qui est critiqué. Vous avez toujours l'impression de marcher sur des œufs, vous perdez vos repères car vous ne savez jamais ce qu'elle pense vraiment de vous.
Vous devez être parfait et répondre à tous ses critères sous peine d'être recadré. Elle n'hésitera pas à vous faire changer de métier, à vous inscrire dans une salle de sport, à choisir elle-même vos vêtements ou à vous mettre au régime forcé pour

vous transformer. En revanche, elle voit ses défauts comme des traits de sa personnalité et ne désire pas changer sous prétexte qu'elle se considère comme une personne vraie et entière.
Vous ne vous sentez pas libre avec elle, vous vous sentez dépendant affectivement, mais vous n'envisagez pas de rompre même si au fond vous la savez nocive. Par moments, la mygale devient soudainement généreuse, elle vous flatte et se trouve de bonnes excuses pour son comportement des derniers jours (elle est stressée, préoccupée par tout ce qu'elle doit gérer), elle vous fait quelques cadeaux inattendus et se montre particulièrement attentionnée.
Si vous reconnaissez quelqu'un de votre entourage dans cette description, même à seulement 50 %, dites-vous bien qu'il n'éprouve pas de vrais sentiments pour vous, seul son confort l'intéresse et celui-ci ne peut exister qu'en vous voyant souffrir. La mygale vous mord et prend plaisir à voir son poison vous ronger de l'intérieur.
J'ai rencontré plusieurs personnes de ce type, heureusement pour moi je n'en étais pas la victime. Pour ne plus souffrir de cette situation, quelques conseils ne suffiront pas, je vous invite donc à consulter un spécialiste habilité à vos aider. Prenez au plus vite un rendez-vous avec un psychiatre et expliquez-lui la situation. Dites-vous bien que vous avez le droit d'exister et que vous n'avez pas à subir ce genre de traitement. À chaque problème sa solution, et il y en a une pour vous, n'en doutez pas.

« JE NE PEUX PAS DEVENIR CÉLÈBRE, JE NE CONNAIS QUE DES GENS QUI NE CONNAISSENT PERSONNE. »

DJOÉ, « DE ZÉRO À L'INFINI »

LES 7 CLEFS
pour attaquer

Si vous accusez un individu d'être fou, il vous répondra qu'il ne l'est pas. Malheureusement pour lui, cette défense ne suffit pas car les asiles sont remplis de gens persuadés d'être sains d'esprit ! Cette accusation a même permis au régime stalinien d'envoyer au goulag de nombreux opposants. Je vous livre ici plusieurs accusations génériques dont il est difficile de se défendre. Leur caractère pernicieux vous rendra bien des services. À utiliser sans modération. Ces accusations sont violentes car elles feront mouche dans 90 % des cas, probablement parce que nous sommes tous enclins aux défauts qu'elles pointent…

Clef 1
ACCUSEZ DE JALOUSIE

Peu importe la nature des ressentiments de vos ennemis, vous pouvez toujours affirmer qu'ils sont jaloux de votre succès. Attention toutefois à ne pas le dire frontalement pour ne pas passer pour un frimeur. Ainsi ne dites pas : « Tu es jaloux de ma carrière professionnelle », préférez plutôt : « Je ne sais pas de quoi tu es jaloux, mais visiblement tu es très frustré. » De cette manière, vous ne vous mettez pas en avant et vous ajoutez la notion de frustration, ce qui devrait faire bondir votre adversaire.

Clef 2
ACCUSEZ DE CONDESCENDANCE

Taxer quelqu'un de condescendance est une accusation très sournoise, car cela sous-entend que votre adversaire se conduit de manière hautaine sans même s'en rendre compte. Il n'est pas méchant, c'est juste sa nature supérieure qui ne peut s'empêcher de s'exprimer. Vous ne critiquez donc pas l'intention de votre adversaire, mais sa nature profonde. Le fait de regarder les autres de haut sans même s'en rendre compte est perçu comme une circonstance aggravante. Votre cible aura bien du mal à se défendre, car dire que l'on ne manque pas de recul prouve justement à quel point l'on manque de recul !

Clef 3
ACCUSEZ D'ÉGOCENTRISME

« Le monde ne tourne pas autour de toi. » Nous sommes tous un peu égocentriques par moments, ou disons que les limites avec d'autres notions plus douces sont parfois floues. Ainsi la confiance en soi, la fierté, l'amour-propre ou la satisfaction peuvent parfois passer pour de l'égocentrisme ou du narcissisme. Accuser quelqu'un d'un tel défaut est donc extrêmement vicieux, car vous trouverez toujours des exemples pour nourrir votre reproche, même s'il n'est pas fondé. En d'autres mots, vous faites un procès d'intention à votre adversaire, vous lui prêtez une volonté qui n'est pas la sienne et vous l'amplifiez. Voilà encore une accusation qui rendra votre interlocuteur hystérique. Comment peut-il apporter les preuves de sa bonne foi ? Ce n'est pas impossible, mais quand on est pris par l'énervement, c'est très compliqué.

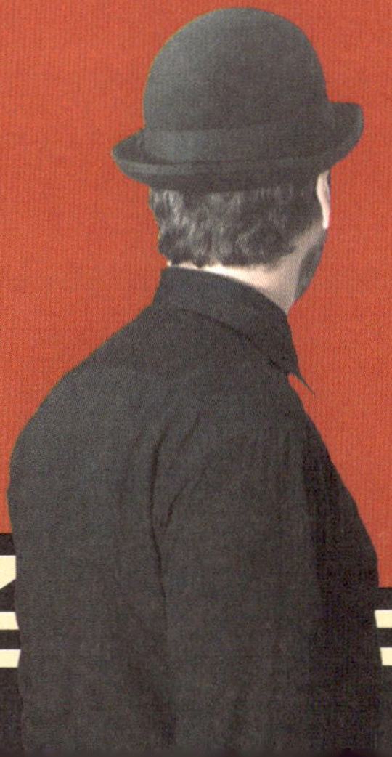

Clef 4
ACCUSEZ D'ÉGOÏSME

Là encore, personne n'est tout blanc, il vous sera donc facile de trouver plusieurs exemples pour nourrir votre argumentation. Cette remarque sera d'autant plus puissante si votre interlocuteur n'est pas un vrai égoïste, il la vivra comme une injustice. Mais peu importe, restez catégorique, et si toutefois vous devez concéder quelque chose, dites que s'il lui arrive de faire des efforts, c'est toujours à contre-cœur ou parce qu'il n'a pas le choix.

Clef 5
ACCUSEZ DE MANQUER DE CLAIRVOYANCE

« Tu es aveugle, tu ne vois rien ! » Pourquoi ? Parce votre adversaire manque de clairvoyance, parce qu'il est trop tourné vers lui-même (égocentrique), parce qu'elle ne pense qu'à elle (égoïsme). Un peu plus, c'est son intelligence que vous mettez en cause ! Il vaut mieux passer pour un égoïste plutôt que pour un imbécile ! Laissez votre adversaire choisir entre la peste et le choléra.

Clef 6
ACCUSEZ DE SUFFISANCE

« Tu es donneur de leçons. » Ici, il s'agit de transformer les conseils bienveillants qui vous sont gentiment donnés en leçons illégitimes, pédantes et condescendantes. Vous pouvez faire une analogie avec l'école de la petite enfance pour tourner en ridicule votre adversaire, en lui disant par exemple : « Nous ne sommes plus des enfants que l'on peut impressionner » ou encore : « Vous n'êtes pas mon professeur, pour qui vous prenez-vous ? » ou plus familièrement : « Tu veux que je sorte mon carnet de correspondance ? » Vous voyez l'esprit.

Clef 7
ACCUSEZ DE DÉSINVOLTURE

En d'autres termes, vous dites à votre interlocuteur qu'il se fiche de tout, que rien n'a d'importance pour lui et que même s'il tente de donner le change, il ne trompe personne. Encore une fois, vous faites un procès d'intention : trop centré sur lui, votre adversaire ne se préoccuperait pas des émotions des autres ni de leurs problèmes, il est sans-gêne et impertinent. Vous pouvez également attaquer sa sincérité de manière arbitraire et efficace.

LES 7 CLEFS

pour se défendre

Dans la vie de tous les jours, un nombre incalculable de remarques, de réflexions ou de discours nous agacent et nous n'avons qu'une envie : sécher ces imbéciles qui se prennent pour ce qu'ils ne sont pas. Malheureusement, nous ne sommes pas habitués à le faire et, sur le moment, pris par l'émotion de la situation, l'inspiration ne vient pas. Nous décidons de nous taire ou nous bredouillons quelque chose d'approximatif ou, pire encore, nous devenons complètement fous. Les 7 reparties suivantes sont courtes et efficaces, relisez-les quotidiennement et entraînez-vous. Ainsi, lorsque vous serez confronté à une situation précise, vous répondrez tout aussi précisément, sans hésiter et sans émotion. Attention, il ne s'agit pas ici de calmer des tensions mais de se défendre, de renvoyer la violence reçue pour que le cosmos reprenne son équilibre.

Clef 1

EN RÉPONSE À UNE REMARQUE SUR VOTRE COMPORTEMENT

Prenons un exemple précis : vous entrez dans un café et vous attendez que l'on vous serve, mais personne ne vous voit et ne vient prendre votre commande. Dès qu'un garçon de café s'approche, vous lui lancez : « Un café, s'il vous plaît », et celui-ci vous regarde dans les yeux et vous répond « Chez moi, on commence par un bonjour ! » À cet instant, soit vous ne dites rien, soit vous faites passer le serveur à travers la vitrine. Il existe un juste milieu, dites-lui calmement, mais avec autorité : « Seriez-vous en train de me donner une leçon (de politesse) ? Vous prenez-vous pour un professeur ? Vous avez une très haute opinion de vous-même. Un café, s'il vous plaît. » Le fait de répondre du tac au tac sans afficher d'émotion déstabilisera votre adversaire, cela créera une rupture à laquelle il ne s'attend pas un instant.

Clef 2

EN RÉPONSE À UN DISCOURS EXTRÉMISTE

Il arrive parfois au sein d'un groupe que la conversation dérape vers des propos fascistes, racistes ou discriminants. Trop souvent, des personnes a priori gentilles et bien élevées disent les pires horreurs sans se soucier de ceux qui les écoutent, comme s'ils n'avaient aucune importance. Un tel mépris est insupportable et mérite une réponse.

Imaginons que vous êtes à la terrasse d'un café avec des collègues et que l'un d'eux déclare que l'homosexualité est une perversion. Vous pourriez lui répondre que votre fils est homosexuel pour l'inciter à mesurer ses paroles, mais cela peut aussi le pousser à affirmer sa position, il vaut donc mieux éviter ce genre de propos. D'ailleurs, il n'est pas nécessaire d'être touché personnellement par le sujet pour être révolté, inutile d'être juif pour condamner le nazisme. Vous pouvez donc utiliser la phrase suivante, qui marche dans la plupart des situations : « C'est votre ignorance qui vous fait prendre de tels raccourcis. » De cette manière, vous prenez de la hauteur, vous ne cautionnez pas les propos lancés et vous mettez fin à la conversation.

Clef 3

EN RÉPONSE À UNE AGRESSION VERBALE

Encore une fois, vous n'avez rien fait pour vous défendre ; encore une fois, vous avez laissé un crétin vous insulter depuis sa voiture ou vous bousculer à la caisse d'un supermarché. Vous auriez aimé lui expliquer les bonnes manières à coup de cric ou de boîte de conserve, mais cela n'est pas dans votre nature. Au lieu de vous rebeller, vous avez baissé la tête par peur d'être violenté. Si vous vous en voulez de ne pas avoir réagi, vous avez pourtant fait ce qu'il fallait faire. Tous les combats ne sont pas bons à mener. Il est inutile de monter au créneau et d'en venir aux mains pour une personne qui ne représente rien pour vous. Vous le savez, mais vous vous sentez tout de même piqué dans votre orgueil, c'est le regard que vous portez sur vous-même qui vous agace. Vous avez l'impression d'être lâche, d'avoir capitulé, de ne pas prendre votre vie en main et de ne pas savoir vous faire respecter. Mais il vaut mieux se faire respecter pour des choses vraiment importantes, si c'est votre patron ou votre femme de ménage qui vous insulte, il faut réagir tout de suite. La vraie lâcheté serait de ne rien dire. Ce n'est pas en mettant un coup de poing à un imbécile qui le mérite que vous reprendrez le contrôle, mais en vous faisant respecter jour après jour des personnes qui comptent réellement. Ne vous trompez pas d'enjeu et oubliez votre orgueil.

Clef 4

EN RÉPONSE À UNE ACCUSATION POUR UN PROPOS TENU

Si votre adversaire tente de vous piéger avec des déclarations que vous avez faites (ou pas), vous ne pouvez pas vous contenter de répondre que vous n'avez jamais dit cela. Il vaut mieux accuser votre détracteur de n'avoir rien compris ! Vous pouvez vous inspirer de ceci : « Ce n'est pas ce que j'ai dit, vous déformez mes propos. Il est plus facile pour vous de réécrire les choses pour qu'elles vous arrangent plutôt que de remettre en cause vos certitudes. La seule erreur que j'ai commise, c'est de croire que vous aviez compris le message, malheureusement il vous a échappé et j'en suis désolé pour vous. »

Clef 5

EN RÉPONSE À UNE ACCUSATION POUR UNE ERREUR COMMISE

Il y a toujours des inspecteurs des travaux finis qui trouveront à redire de vos actes et de vos décisions. Vous ne devez pas faiblir. Vous avez un avantage : vous étiez dans la situation et pas eux. Inspirez-vous de ceci : « J'ai agi en fonction du contexte. Il est toujours plus facile de tout remettre en question après que l'orage est passé, mais lorsque l'on est sur le terrain, lorsque le temps presse et que la situation l'exige, on doit limiter la casse et avoir le courage de prendre certaines décisions. »

Clef 6

EN RÉPONSE À UNE RÉFLEXION SUR VOTRE PERSONNALITÉ

Cette fois, votre adversaire vous attaque directement. Peu importe ce que vous avez fait, c'est votre personnalité qu'il accuse. Pour vous défendre et attaquer à votre tour, inspirez-vous de ceci : « Vous me faites un procès d'intention mais vous n'avez aucune idée de ce que je suis. Vous avez toujours manqué de discernement. »

Clef 7

EN RÉPONSE À TOUTES CES PETITES PHRASES AGAÇANTES

Avec plusieurs amis scénaristes, nous nous sommes amusés à imaginer des réponses à ces petites piques que nous recevons parfois. Voici quelques répliques acidulées qui pourront vous amuser.

En réponse à « Pour qui vous prenez-vous ? »
« Pour quelqu'un qui ne s'effacera pas devant votre ego démesuré. »

En réponse à « Vous êtes un égoïste. »
« Si vous me pensez réellement égoïste, alors vous êtes le pire des ingrats. »

En réponse à « Vous êtes trop susceptible. »
Force 1 : « C'est vous qui ne mesurez pas la portée de vos paroles, vous manquez de tact et de savoir-vivre. »
Force 2 : « Vous savez que vous êtes allé trop loin, maintenant assumez vos paroles et n'inversez pas les rôles. »
Force 3 : « N'ayez pas la prétention de croire que vous m'avez blessé, votre opinion n'a aucune importance pour moi. »

En réponse à « Calmez-vous ! »
« Je ne suis pas en colère, je suis indigné ! Vous n'avez aucune conscience des choses. »

En réponse à « Je ne suis pas d'accord avec vous. »
« Vous n'êtes pas une valeur qui m'intéresse et je n'ai pas besoin d'être ratifié dans mon choix. »

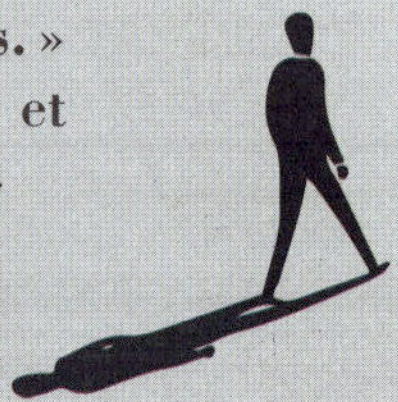

« ON GOUVERNE MIEUX LES HOMMES PAR LEURS VICES QUE PAR LEURS VERTUS. »

NAPOLÉON BONAPARTE, *PENSÉES*

LES 7 CLEFS

pour se faire des amis

Clef 1

ÉTABLIR LE CONTACT AVEC UN INCONNU

Dans le milieu professionnel, pour étendre votre réseau ou même pour draguer quelqu'un que vous ne connaissez pas, le premier contact est d'abord visuel. Ce que vous renvoyez visuellement va parler pour vous et va parler si fort que ce que vous êtes réellement ne pourra pas s'exprimer. Alors à vous de mettre toutes les chances de votre côté. N'oubliez pas que la communication non verbale est plus importante que tout ce que vous pourrez dire, d'autant plus dans ce mouvement d'approche. Attendez le bon moment pour aborder votre cible, attendez qu'elle soit disponible et avancez-vous en

la regardant ouvertement. Les choses sont claires, si vous vous déplacez c'est pour aller vers elle, vous vous tenez droit, vous la regardez et vous êtes sûr de vous. Il est important de sourire à cet instant, un sourire franc et sincère, pour exprimer votre sympathie et votre bienveillance. Présentez-vous, soyez poli et bien élevé. Vous devez envoyer le message « Je suis normal », ainsi vous ne représenterez aucune menace et votre interlocuteur sera prêt à vous accueillir dans son espace. Engagez la conversation simplement, sans chercher à être spirituel. Faites simple tout en gardant une distance convenable – un bras et demi est une bonne distance. « Je vois que vous êtes de la société Unetelle (en montrant son badge). Vous y travaillez depuis longtemps ? » Parlez lentement et restez calme, pour donner un sentiment de sécurité. Dans le cas d'une approche amicale, parler du temps qu'il fait peut vous emmener plus loin, vous saurez ainsi rapidement si la personne souhaite développer ou non.

Clef 2

DÉVELOPPER UNE AMITIÉ AVEC UNE CONNAISSANCE

La technique est des plus simples, trouvez un prétexte pour passer un peu de temps avec cette personne et choisissez les bons sujets de conversation. Le sport, le foot si vous aimez ça, la cuisine, les projets de vacances, tous ces sujets sont positifs et mettent de bonne humeur. Attention, vous n'êtes pas là pour vous vanter de votre dernier voyage au Mexique ou pour rebattre les oreilles de votre cible avec vos recettes au wok. Vous laisserez l'autre parler, et vous le laisserez décider de ce qu'il veut vous dire. Pour cela, vous ne relancerez le sujet qu'avec deux questions maximum. Évitez les sujets polémiques comme la politique et la religion.

Vous pouvez trouver ça ridicule, mais une bonne manière de mettre en condition votre cible est de lancer des remarques positives comme « J'adore votre chemise ! » ou « Sympa, le stylo ! » de manière aussi gratuite que fortuite. Vous n'épiloguez pas, vous faites votre remarque abruptement et vous passez immédiatement à autre chose. Vous n'attendez ni réponse ni réaction de votre interlocuteur. Ainsi, vous planterez efficacement la graine « Je suis un homme sympathique et agréable » dans l'esprit de votre cible.

Clef 3

SAISIR LES BONNES OCCASIONS

Les occasions de nouer des amitiés sont en réalité très nombreuses, mais nous n'y faisons pas assez attention. Lorsque vous êtes dans le train, par exemple, vous avez tout le temps nécessaire pour établir un dialogue intéressant avec votre voisin, de toute façon vous n'avez rien d'autre à faire. Personnellement, je prends le train régulièrement et je déteste parler. Néanmoins, il m'est arrivé de le faire lorsque mes voisins ont su me mettre à l'aise. Cela est en fait très agréable et le temps passe plus vite. Dans un ascenseur, sur le quai du métro pendant une grève, dans la file d'attente du théâtre… dites-vous que toutes les occasions sont bonnes à prendre. Vous pouvez aussi aider quelqu'un qui a fait tomber ses courses, qui cherche son chemin, ou donner un coup de main en poussant une voiture en panne. Vous rendre aimable et ouvert favorisera les rencontres. Si elles ne mènent à rien, ces actions auront le mérite de vous entraîner, et vous gagnerez progressivement en confiance.

Clef 4

ENTRETENIR SON RÉSEAU

Retendez les fils avec vos nouveaux et anciens amis (ceux qui le méritent évidemment) en prenant de leurs nouvelles régulièrement. Organisez des dîners et ne cloisonnez pas en enfermant vos amis dans des groupes, faites au contraire en sorte qu'ils se connaissent, qu'ils échangent et qu'ils s'apprécient. Vous pouvez aussi vous acquitter de cette tâche en une seule soirée, votre temps est précieux ! Invitez tout le monde le même jour, faites les présentations et amusez-vous. En étendant le réseau de vos amis, vous leur permettrez de faire la même chose pour vous.

N'oubliez pas les anniversaires, avec les rappels des réseaux sociaux et des smartphones, vous n'avez plus d'excuses ! Présentez vos vœux en fin d'année, ne vous contentez pas d'un mail groupé au design douteux, envoyez une vraie carte par la poste aux personnes importantes. À une époque, j'achetais une trentaine de cartes de vœux neutres dès le mois de janvier afin de rédiger mes vœux tout au long de l'année. À chaque nouvelle affaire avec un client, j'écrivais mes vœux en y glissant certains détails (dont je ne me serais pas souvenu si j'avais attendu la fin de l'année). Mes clients étaient étonnés de ma mémoire et sentaient qu'ils comptaient pour moi.

Clef 5

METTRE EN VALEUR SA CIBLE

Cette technique est si efficace qu'elle fait partie des commandements du manipulateur. Si vous mettez en valeur une personne en public, alors elle se sentira grandie et sera prête à tout pour ne pas perdre la considération que vous lui avez offerte. Pour être efficace, je vous conseille de préparer le terrain et de bien choisir votre moment. Il faut que votre intervention soit remarquée et que votre cible comprenne qu'elle ne mérite pas spécialement cette gentillesse mais que c'est un cadeau que vous lui faites. Si vous dites par exemple au cours d'une réunion : « Robert, j'ai eu votre client au téléphone, il est vraiment ravi », votre Robert peut se dire qu'il est normal que le client soit content, car il a bien fait son travail. Il faut donc être plus percutant.

Clef 6

FUIS-MOI JE TE SUIS, SUIS-MOI JE TE FUIS

La nature humaine est ainsi faite, nous voulons toujours ce que nous ne pouvons pas avoir. Si vous vous montrez inaccessible, précieux et détaché, beaucoup feront des pieds et des mains pour vous connaître et faire partie de votre cercle. Attention, si vous ne jouez que les inaccessibles, vous vous isolerez. Cette technique n'est qu'un catalyseur des précédentes, séduire puis repousser ensuite afin de créer la frustration et de séduire davantage. En restant rare et précieux, en alternant chaleur humaine et absence (les choses de la vie vous appellent ailleurs), vous rendrez les autres dépendants de votre présence, de votre amitié, de votre amour. Pour ne pas vous-même subir ce jeu pervers de la part d'une autre personne, gardez à l'esprit de ne jamais faire passer quelqu'un d'autre avant vous, laissez vos émotions de côté et prenez vous aussi de la distance. Celui qui tire les ficelles, c'est vous et personne d'autre.

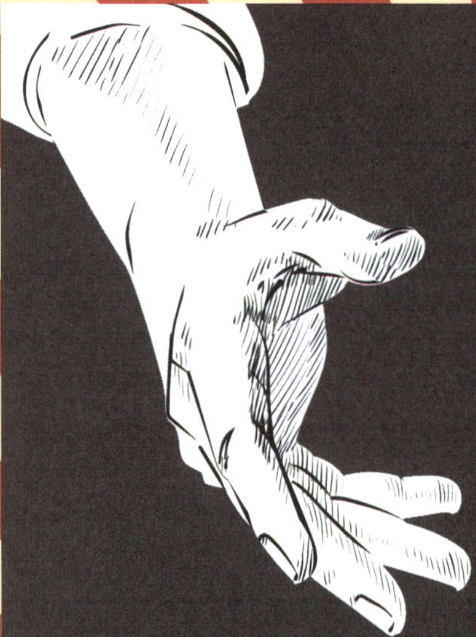

Clef 7
RENDRE SERVICE

Dès que vous avez l'occasion de débloquer une situation pour quelqu'un sans que cela ne vous coûte, faites-le. Si vous travaillez dans une agence de voyages et que vous pouvez réserver des billets pour un ami au meilleur prix en moins de trois minutes, faites-le. Cela ne représente pas grand-chose pour vous mais pour votre ami, c'est une galère en moins. N'hésitez pas non plus à rendre service à des personnes que vous ne connaissez que très peu pour vous faire de nouveaux amis. Mais attention, cela ne doit rien vous coûter !

« SOIS COMME UN PROMONTOIRE CONTRE LEQUEL LES FLOTS VIENNENT SANS CESSE SE BRISER. »

MARC AURÈLE

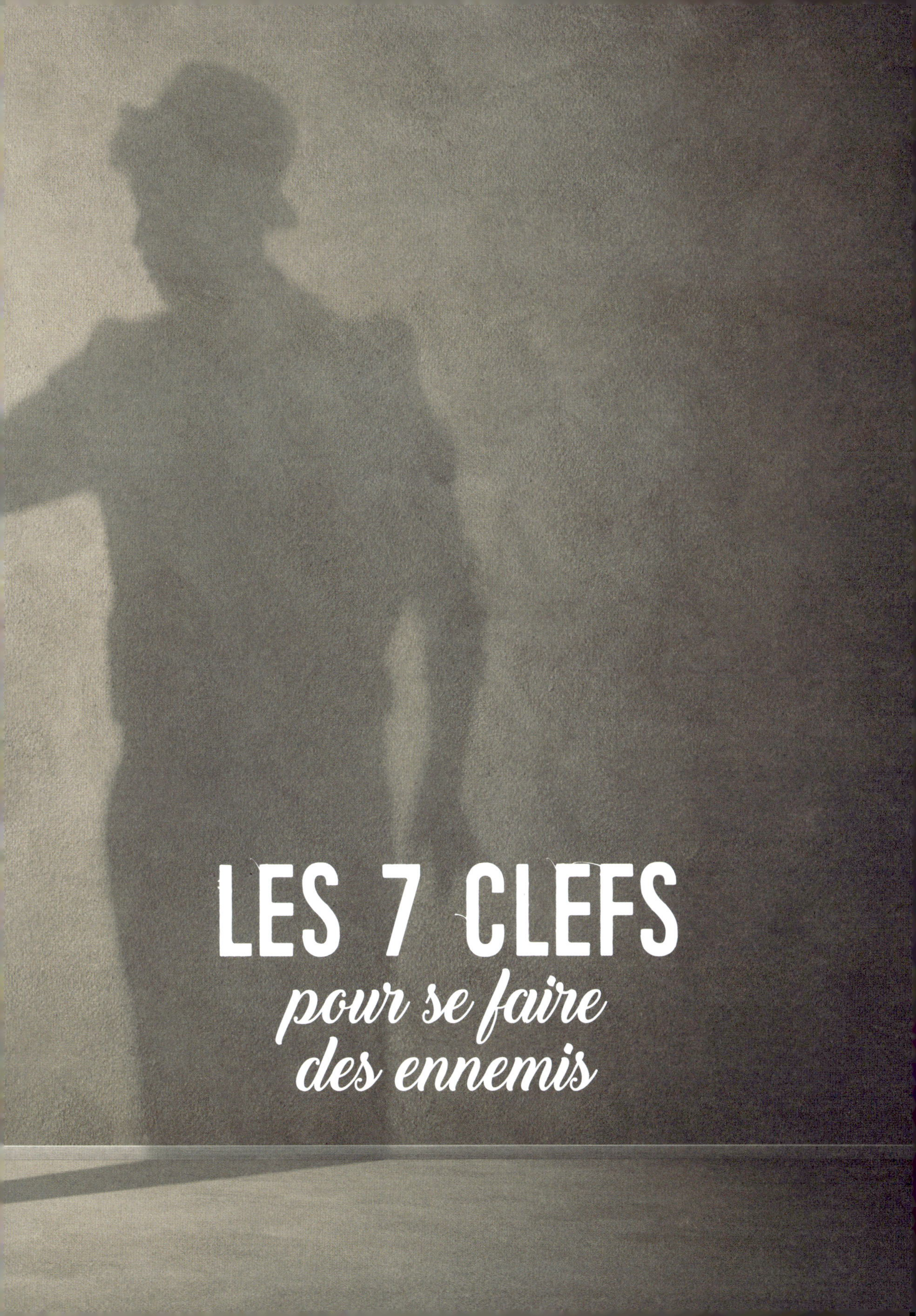

LES 7 CLEFS

pour se faire des ennemis

Ce chapitre peut vous paraître étrange et vous donner l'impression qu'il va à l'encontre de plusieurs clefs citées auparavant, mais il est néanmoins essentiel. S'il est important de se faire aimer, il ne faut pas non plus s'oublier et devenir prêt à tout pour obtenir l'amour ou l'admiration des autres, cela serait la preuve d'une grande faiblesse et d'une grande vanité. Il faut donc trouver le bon dosage, « un peu de saloperie dans la gentillesse et un peu de gentillesse dans la saloperie ». En cherchant à plaire au plus grand nombre, vous perdrez de votre tempérament, de votre mordant, de votre puissance. Les personnes qui aiment tout le monde sont fades, inintéressantes, et semblent souvent stupides par leur grande naïveté. Ne devenez pas l'une d'elles. Si le fait de vous montrer arrangeant, poli et compatissant permet à votre entourage de mieux vivre, il est possible que l'on abuse parfois de votre caractère de « gentil ». À partir d'aujourd'hui, cela va changer. Malheureusement, vous ne deviendrez pas un tyran en une heure, cela demande de l'entraînement. Sans aller jusque-là, votre revirement doit être progressif et mesuré pour être crédible et s'installer durablement. Votre entourage doit comprendre qu'il ne s'agit pas d'une passade ou d'une crise de rébellion, mais de votre nature profonde. Dans ce chapitre, vous apprendrez comment vous faire des ennemis et vous comprendrez pourquoi il est important d'entretenir certaines inimitiés. Se faire des ennemis, c'est aussi une bonne façon de ne plus avoir peur de se faire respecter et d'être exigeant, de garder la forme en étant plus vigilant. Tous les grands hommes ont des ennemis, alors pourquoi pas vous ?

Clef 1

NE VOUS ENCOMBREZ PLUS

Vous êtes trop gentil, vous êtes trop aimable. Pourquoi dites-vous toujours oui lorsque vous pensez non ? « Peux-tu aller chercher ma sœur à la gare demain soir ? » « Non, je suis occupé. » « On prend un verre après le boulot ? » « Non, je n'ai pas le temps. » La sœur de votre femme n'a qu'à prendre le métro ou le bus, et votre collègue qui vous ennuie toute la journée ne le fera pas en dehors des heures de bureau. Il y en a marre de se laisser dompter pour ne pas froisser ses amis, sa famille, ses collègues. Apprenez à dire non et ne cherchez pas à vous justifier. Dites non sur le même ton qu'un oui, tout en gardant le sourire. Si l'on vous demande plus de détails, répondez par une autre question ou par une vague promesse qui ne mènera visiblement nulle part. « Tu ne peux vraiment pas ce soir ? Tu fais quoi ? » « Nous prendrons un verre une prochaine fois. » « Qu'est-ce qui t'empêche d'aller chercher ma sœur ? » « Elle peut peut-être prendre un taxi ? » Après plusieurs refus de votre part, votre entourage cessera de penser à vous pour faire ce que personne d'autre ne veut faire ; toutes ces choses que vous faisiez par politesse et gentillesse. À eux de trouver un autre pigeon.

Clef 2
SOYEZ EXIGEANT

Vous êtes à la terrasse d'un café, vous avez commandé un vin blanc. Malheureusement, le serveur vous a apporté un vin bouchonné et pas assez frais. Évidemment, vous ne dites rien. Vous êtes avec des amis, il y a du monde autour de vous et le serveur ne semble pas très sympathique, inutile de vous donner en spectacle et de passer pour un emmerdeur. Vous buvez donc votre verre sans l'apprécier. Si vous n'agissez pas, c'est par peur du regard des autres, vous ne voulez pas être le méchant de l'histoire, vous ne voulez pas mettre mal à l'aise vos amis. Mais il n'est pas nécessaire de renverser la table pour montrer son mécontentement. Vous pouvez simplement faire la remarque au serveur avec tact et fermeté, le tout est de ne pas vous excuser d'exister. De cette manière, vous imposerez le respect et ferez preuve de caractère. Veillez toutefois à mesurer vos réactions, soyez juste. En étant exigeant, vous vous ferez des ennemis, car certaines personnes de votre entourage comprendront qu'on ne vous la fait pas et préféreront vous haïr plutôt que de répondre à vos exigences.

Clef 3

TROUVEZ UNE TÊTE DE TURC

Il est bon d'avoir plusieurs ennemis sur lesquels se défouler en cas d'énervement, cela permet d'épargner ses vrais amis. Ces têtes de Turc peuvent aussi devenir l'élément négatif fédérateur de votre groupe. Le fait de médire sur un collègue permet au groupe de s'unir contre un ennemi commun et de relâcher les tensions. Attention, toutefois, votre inimitié pour cette tête de Turc doit être officielle, et celle-ci doit le savoir. Si vous faites ça dans son dos, vous passerez pour un hypocrite.

Clef 4
PARLEZ VRAI

Sans pour autant dire toujours ce que vous pensez à tort et à travers, vous pouvez à quelques occasions bien choisies exprimer ouvertement vos convictions, votre humeur ou vos idées. Il existe une foule de personnes qui gravitent autour de vous et qui vous agacent par leurs petites remarques, leur inélégance constante, leur manque de savoir-vivre et de respect. Pour mettre fin à ces petites persécutions, vous devez vous imposer et tracer clairement une ligne dans le sable à ne pas franchir. Si un de vos « collègues amis » s'amuse de votre poids ou de votre façon de vous habiller, comme ça, l'air de rien, avec gentillesse et humour, mettez le holà tout de suite. Dites ce que vous pensez rapidement, avec fermeté, puis passez à autre chose, comme si cette conversation n'avait jamais eu lieu. Mais elle a bel et bien eu lieu.

Lors de l'une de mes représentations au théâtre, deux hommes regardaient constamment leur téléphone. C'était insupportable, d'autant que cela leur éclairait le visage et que je ne voyais qu'eux. À la fin du spectacle, je me rends compte que je connais ces personnes. Elles s'approchent pour me saluer, au lieu d'un bonjour je leur ai lancé : « Lorsque vous êtes au théâtre, éteignez votre téléphone, c'est la moindre des politesses. Vous avez tous les deux passé votre temps à pianoter, je ne voyais que vous, c'était insupportable ! Ne faites plus jamais ça… »

Puis immédiatement, sans transition : « Bonsoir les amis, comment allez-vous ? Le spectacle vous a plu ? » L'avantage du parler vrai c'est que cela permet d'éviter l'accumulation des tensions. Si vous ne dites jamais rien, si vous passez sur ce que vous considérez comme de simples détails sur l'instant, tous ces éléments s'accumuleront et vous finirez par détester certaines personnes sans même savoir exactement pourquoi. Et celles-ci finiront elles aussi par vous détester, ce qui vous sera d'autant plus insupportable au regard des nombreux efforts que vous avez fournis pour ne jamais les froisser.

Clef 5
FAITES PARLER DE VOUS

Vos ennemis sont vos meilleurs agents de publicité. D'abord parce qu'en parlant de vous constamment ils montrent à leur entourage combien vous occupez leurs pensées, cela vous donne du crédit et de l'importance. Ensuite parce que vos ennemis ne font pas (ne peuvent pas faire) l'unanimité et que peu de gens prendront pour argent comptant les propos qu'ils tiennent à votre endroit. Les ennemis de vos ennemis peuvent devenir vos amis. Ce qui est intéressant, c'est que cette publicité ne s'épuise jamais, il y aura toujours quelqu'un pour vous critiquer et prendre le relais. Si vous avez de la chance, vous pouvez avoir des ennemis obsessionnels qui chaque jour parleront de vous. Au vu de leur acharnement, leurs propos ne seront pas pris au sérieux, ils ne feront que trahir leurs névroses et leurs frustrations. Et ces ennemis se détruiront eux-mêmes tout en vous faisant une incroyable publicité. La vie n'est-elle pas merveilleuse ?

Il est donc important de ne jamais parler de vos ennemis pour ne pas faire leur publicité. Vous pouvez simplement passer la main si l'on vous demande votre avis, en disant par exemple que vous ne les connaissez pas bien ou, mieux encore, qu'ils n'ont pas retenu votre attention.

Clef 6

AGISSEZ AU GRAND JOUR

La transparence est une preuve de puissance et assoit une personnalité. Le fait d'assumer pleinement votre nature, vos choix de vie et vos convictions vous assurera une bonne quantité d'ennemis, car beaucoup seront jaloux de cette liberté que vous vous octroyez. Le simple fait de vous permettre ce que beaucoup s'interdisent déliera les langues de votre entourage, et si certains penseront vous enfoncer en vous critiquant, les personnes de valeur salueront votre audace et votre caractère. Certains s'avoueront même au fond d'eux : « Il a probablement raison, je devrais faire la même chose. » Le tout est de franchir le pas. Le nombre d'ennemis que vous vous ferez par ce biais vous permettra de mesurer votre rayonnement. Je vous souhaite d'en avoir beaucoup.

Clef 7

LIBÉREZ-VOUS

Pour se faire des ennemis, il suffit d'abord de regarder dans son cercle le plus proche. Beaucoup semblent être vos amis, mais en réalité ils ne pensent qu'à ce que vous pouvez leur apporter, ce ne sont que des poissons pilotes se nourrissant des miettes qui tombent de votre assiette. Si vous devez leur rendre des comptes, vous justifier constamment et marcher sur des œufs, mettez simplement fin à cette relation. Cela vous laissera plus de temps pour vous et les personnes qui comptent vraiment. Transformer des amis en ennemis permet aussi de garder la forme, de rester alerte et d'entretenir sa repartie. Libérez-vous et respirez profondément, l'air est de meilleure qualité lorsque, enfermés dans une pièce, vous êtes moins nombreux.

« JE SAIS
QUE
JE NE SAIS
RIEN. »

SOCRATE

LES 7 CLEFS

pour devenir le leader

Clef 1

FAKE IT UNTIL YOU MAKE IT

Faites semblant d'être un leader jusqu'à ce que vous le deveniez réellement. Tout n'est qu'une question de perception, si vous avez confiance en vous, alors les autres le sentiront et vous percevront comme un leader naturel. Dites-vous bien que vous ne prendrez la place de personne en devenant un meneur car la plupart des gens ne souhaitent pas le devenir. Il est en effet plus confortable d'être pris en main que d'être en première ligne. Pour cette même raison, il y a souvent de la place au premier rang au théâtre, beaucoup se sentent mieux noyés dans la foule, dans l'anonymat.

Il est difficile pour un individu de savoir ce qu'il veut, et toutes les décisions ne sont pas simples à prendre, alors rendez-leur service et décidez à leur place. Vous êtes avec un groupe d'amis, vous devez aller au restaurant, personne ne veut choisir, cela fait déjà vingt minutes que la question a été lancée et toujours pas de réponse ! Prenez la parole et décidez pour le groupe, tout le monde vous en sera reconnaissant. Lorsqu'il faut trancher, tenez le couteau.

Clef 2
SACHEZ ÊTRE FERME

Vous devez faire comprendre que votre vision est claire. Pour cela, il est bon d'être ferme tout en restant courtois et aimable. L'objectif n'est pas de vous aliéner vos subalternes, mais de leur montrer que c'est vous le capitaine et que vous n'avez pas de doutes quant à vos objectifs et aux manières de les atteindre. D'après Sénèque, il n'y a pas de vent favorable à un voilier qui n'a pas de port, identifiez donc clairement vos buts, établissez un plan pour les atteindre et restez ferme dans vos convictions. La fermeté courtoise se situe entre la dictature et l'anarchie.

Clef 3

SOYEZ COMPÉTENT

Vous êtes le leader et ce n'est pas pour rien. Vous devez impérativement connaître les arcanes de votre métier, vous mettre au courant des derniers progrès techniques, des dernières tendances. La connaissance est synonyme de pouvoir. Ne laissez pas vos subalternes en savoir plus que vous. S'ils doivent être performants, vous devez l'être d'autant plus. Si vous ne savez pas de quoi vous parlez, vous pourrez faire illusion un temps, mais sur le long terme vous perdrez votre crédibilité.

Clef 4

SOYEZ ATTENTIF À VOTRE ENTOURAGE

Ne prenez pas vos collaborateurs pour des imbéciles, d'ailleurs si vous les avez choisis, c'est qu'ils ne sont pas si bêtes ! Sachez écouter leurs idées, et surtout leur montrer que vous êtes à l'écoute de leurs remarques constructives. En tant que leader, vous avez une vision d'ensemble et vous savez mieux que quiconque comment agir pour l'intérêt commun, aussi c'est votre décision qui prévaut, une décision toutefois éclairée des retours de vos subalternes. Cela permet de les investir et de leur offrir ce que tout le monde recherche : de la considération. N'attendez pas que les problèmes du personnel viennent vers vous, mais anticipez-les. Posez des questions à vos employés non pas pour les tester ou leur mettre la pression, mais plutôt pour identifier les éventuels problèmes et leur montrer que vous êtes soucieux de leurs préoccupations et que leurs opinions vous intéressent.

Clef 5
DONNEZ L'EXEMPLE

La meilleure forme d'autorité est l'exemple. Si vous dirigez un restaurant, vous ne pouvez pas vous disputer avec un client sous peine de voir l'un de vos serveurs faire la même chose dans les semaines qui viennent. En étant irréprochable, en suivant vous-même la ligne que vous fixez à votre équipe, vous n'aurez pas besoin de répéter constamment ce que vous voulez, vos employés n'auront qu'à vous imiter et, face à un problème, ils se demanderont : « Qu'aurait fait le boss à ma place ? » et il est fort probable qu'ils trouvent la bonne manière d'agir en se posant cette question.

Clef 6

SACHEZ DÉLÉGUER

Vous êtes le chef, il n'y a aucun doute, mais vous ne pouvez pas décider de tout, tout le temps, pour chaque détail. Vous devez faire confiance à votre équipe et déléguer. Si vous faites tout vous-même, vous n'irez pas très loin. Si vous vous êtes entouré de talents, c'est pour les exploiter, si vous payez vos employés, c'est pour qu'ils apportent de la richesse à votre entreprise, alors laissez-les faire, surveillez-les, mais laissez-les faire. Si vous avez exprimé clairement votre vision et les méthodes pour y parvenir, vous n'aurez pas besoin de vous imposer constamment. Vous pouvez et devez redresser la barre de temps à autre pour être certain que le bateau aille dans la bonne direction et pour asseoir votre autorité.

Clef 7
APPRENEZ À PARTAGER VOTRE VISION

Vous devez pour cela exprimer clairement vos objectifs et prouver que votre vision pour les atteindre est la bonne. Prenons l'exemple des démarcheurs téléphoniques dont l'objectif est de vendre des polices d'assurance par téléphone. Si vous avez mis en place une conduite type, du bonjour de l'opérateur à l'intention d'achat du client, si vous avez créé ce cheminement pour favoriser les ventes, vous devez en expliquer les rouages aux employés pour être certain qu'ils ne feront pas à leur sauce et que l'outil soit utilisé au mieux. Si certains ont des suggestions à faire pour améliorer le système, ce sera dans une parfaite compréhension de votre manière de faire les choses.

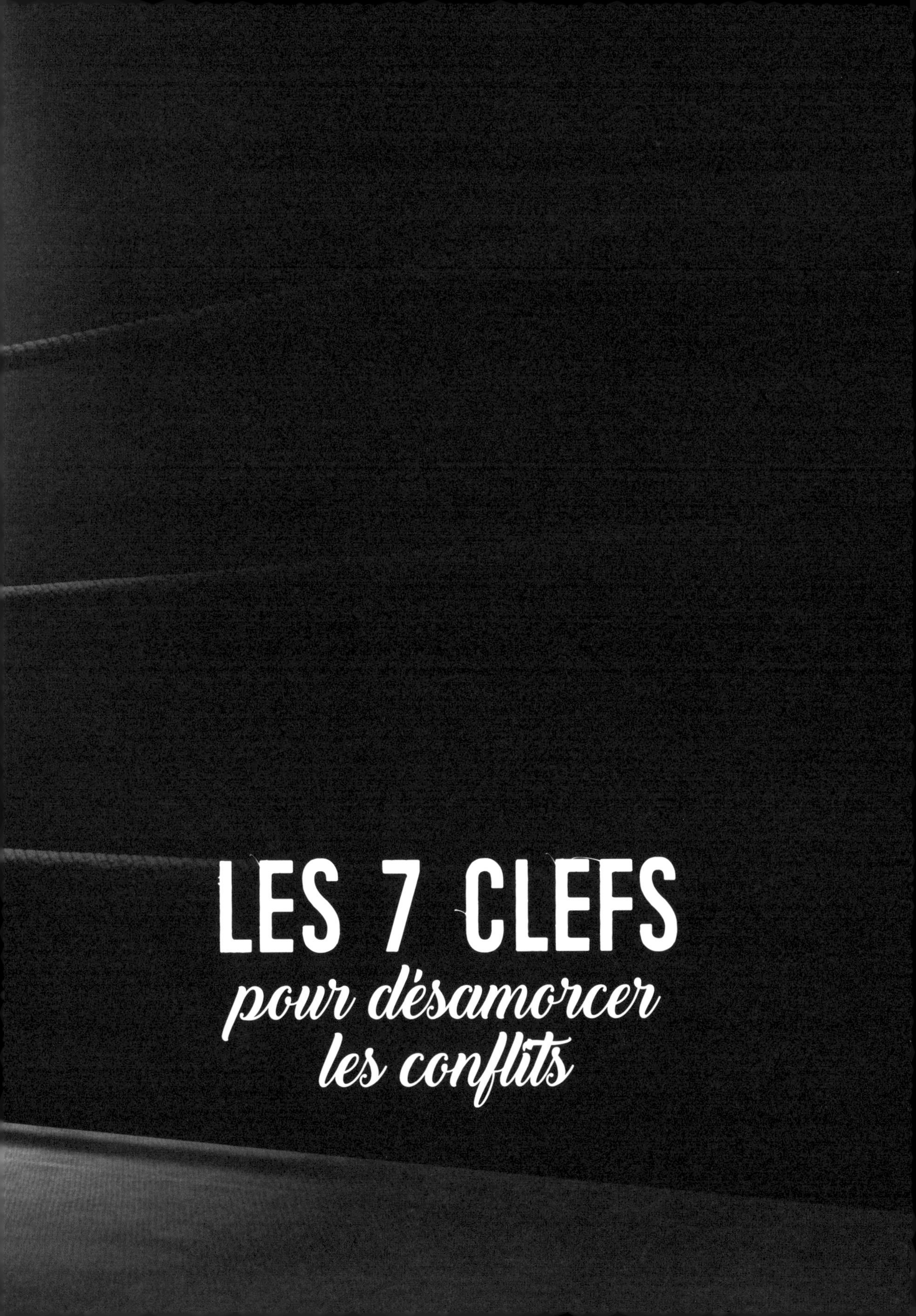

LES 7 CLEFS
pour désamorcer les conflits

Vous trouverez dans ce chapitre de quelle manière mettre en scène vos solutions pour désamorcer les conflits. Ces clefs reprennent plusieurs principes fondamentaux de la programmation neurolinguistique (PNL) pour donner la sensation que vous avez la situation bien en main. Si vous donnez cette impression, alors vos interlocuteurs se sentiront déjà mieux, comme sauvés par votre intervention. Un peu comme lorsqu'un malade, sortant de chez le médecin, entre dans une pharmacie et se sent déjà mieux en reniflant l'odeur d'eucalyptus. Cet effet placebo provient du fait que l'on sait que les choses vont s'arranger, qu'un processus est en marche.

Clef 1
AFFICHEZ VOTRE CONSIDÉRATION

Montrez-vous disponible et ouvert, conscient de l'importance des problèmes. À ce stade, ne cherchez pas à minimiser.

Clef 2
CERNEZ LA SITUATION

Vous pouvez utiliser la technique des 5 « pourquoi ? ». Si vous demandez à votre interlocuteur pourquoi ça ne va pas, la réponse qu'il fera sera incomplète, il faudra lui tirer les vers du nez pour connaître le vrai fond du problème. En posant la question « pourquoi ? » 5 fois de suite, vous découvrirez la source du problème et vous pourrez soigner la maladie et non vous contenter d'en traiter les symptômes.

Clef 3

REFORMULEZ

Répétez les propos de vos interlocuteurs en dédramatisant la situation. Pour cela, adoptez un ton neutre et factuel pour écarter tout facteur émotionnel.

Clef 4

SOYEZ POSITIF

Terminez par la phrase : « Je comprends tout à fait la situation, et nous allons y remédier pour que tout le monde y trouve son compte. » Créez ensuite une rupture en demandant par exemple à vos interlocuteurs de s'asseoir ou de passer dans la pièce d'à côté, juste pour montrer qu'un processus est en marche, que vous avez les choses en main.

Clef 5

DÉPLACEZ LES ENJEUX ET TROUVEZ UN COUPABLE EXTÉRIEUR

Rappelez qu'il n'y a rien de personnel dans cette histoire, qu'ensemble ils ont déjà réalisé du très bon travail et qu'ils savent être efficaces en groupe. La personnalité de chacun n'est pas mise en cause, seule la conjoncture actuelle est responsable. Faites ensuite appel à la responsabilité de chacun et à leur nature profonde, que vous présentez évidemment comme bonne.

Clef 6

PROPOSEZ UNE SOLUTION

C'est souvent délicat, car cela n'est pas toujours évident de trancher. Si vous ne savez pas quoi faire, vous avez tout de même plusieurs options. Vous pouvez demander à chacun la solution qu'il envisage. Si aucun consensus n'en ressort, choisissez la proposition la plus sensée, reformulez-la avec vos mots et offrez une petite variante, comme pour vous approprier la proposition. Ne doutez pas, même si vous êtes sceptique concernant l'efficacité de cette solution.

Clef 7

RESTEZ CALME EN TOUTE CIRCONSTANCE

Ici, il s'agit d'apaiser et non de jouer les faux calmes pour que votre adversaire perde ses nerfs. Gardez une voix dans les médiums, respirez au même rythme que votre interlocuteur, regardez-le dans les yeux pour lui montrer que vous êtes à l'écoute. Installez-vous confortablement tout en respectant les usages afin d'inviter implicitement votre interlocuteur à en faire autant.

LES 7 RÈGLES *pour garder son sang-froid*

Lors d'un débat houleux, d'un conflit direct ou d'une situation de stress intense, il est impératif de conserver son calme. Malheureusement, cela est plus simple à dire qu'à faire. Gardez bien à l'esprit que si vous vous laissez aller à l'émotion, cela faussera votre jugement et vous vous enfoncerez davantage. Vous trouverez ici quelques techniques pour vous calmer et vous préserver de ces sentiments négatifs.

« POUR CRITIQUER LES GENS, IL FAUT LES CONNAÎTRE, ET POUR LES CONNAÎTRE, IL FAUT LES AIMER. »

COLUCHE

Clef 1

DÉFINISSEZ VOS PRIORITÉS

Vous êtes face à un idiot qui ne comprend rien à rien, vous essayez tant bien que mal de le convaincre d'une évidence, mais celui-ci remet tout en question et reste sur ses positions farfelues. Deux options s'ouvrent à vous : soit vous stoppez le débat, soit vous continuez à déployer une énergie folle pour essayer en vain d'instruire cet être stupide. Que faut-il faire ? Capituler ou se battre ? Comme nous l'avons vu dans les chapitres précédents, tous les combats ne sont pas utiles et il vaut mieux se préserver que de s'essouffler gratuitement. Si toutefois vous jugez que le débat est important, répondez à cette question avant de poursuivre : préférez-vous avoir raison ou être heureux ? Il vaut peut-être mieux avoir tort discrètement, mettre son ego de côté et tracer son chemin ! Dites-vous bien que vous n'arriverez jamais à convaincre une personne comme celle-là et qu'au vu de sa bêtise, elle ne peut faire partie de votre échelle de valeur. Oubliez donc votre ego et tracez votre route, imperturbable.

Clef 2
LA CARTE ET LE TERRITOIRE

Lorsque le dialogue semble impossible, c'est peut-être dû à une mauvaise interprétation, aux quiproquos et à l'angle sous lequel vous observez le problème. Votre interlocuteur n'a peut-être pas tout à fait tort. « La carte n'est pas le territoire » est probablement l'expression la plus connue de la PNL. En d'autres termes, vous pouvez parler du même territoire, mais l'un a une carte routière et l'autre une carte du relief. Sous ces angles différents, les protagonistes ne peuvent se comprendre. Aussi essayez toujours de vous mettre à la place de votre interlocuteur pour comprendre ce qu'il pense, ce qu'il ressent, et pour trouver les mots pour lui parler. Cela vous permettra aussi de ne pas vous focaliser sur vos émotions, qui peuvent vous jouer des tours.

Clef 3

IL N'Y A RIEN DE PERSONNEL

Si cet homme est en train de vous hurler dessus, ce n'est pas parce qu'il vous déteste mais parce que votre entreprise est en grève. Votre interlocuteur doit passer ses nerfs sur quelqu'un, et malheureusement vous êtes le seul disponible. Ne vous énervez pas à votre tour, imaginez une paroi de verre entre vous et dites-vous bien que, quoi que cette personne fasse, ça ne fera pas avancer la situation. Pour vous détendre, vous pouvez créer une image dans votre esprit. Voyez l'autre comme un rat piégé dans un labyrinthe qui prend soudain conscience de son impuissance.

Clef 4

TENEZ VOTRE LANGUE

Ne dites pas tout ce que vous pensez car, dans l'énervement, vos mots peuvent dépasser vos pensées. Pris par l'émotion, nous pouvons ressentir le besoin d'exprimer au centuple ce que nous ressentons pour être sûrs d'être bien compris et de montrer que nous sommes réellement affectés par la situation. Le problème, c'est que nous avons parfois tendance à l'exprimer beaucoup trop fort et que nos mots sont reçus d'une mauvaise façon. Gardez-vous donc de tout déballer ou de pratiquer ce que l'on appelle « la politique de la terre brûlée », où rien ne repoussera. Si vous créez cette spirale ascendante d'énervement, vous ne pourrez pas vous en échapper et vous le paierez cher. L'adage « Tournez votre langue sept fois dans votre bouche avant de parler » prend ici tout son sens. Si vous vous forcez à parler lentement, vous éviterez plus facilement ce piège.

Clef 5
ENVOYEZ LES BONNES VIBRATIONS

Il n'y a rien d'ésotérique ici, juste de la PNL. Vous le savez, plus de 90 % de la communication est non verbale, ce que vous êtes compte plus que ce que vous dites. Si vous vous forcez à être sympathique et que votre corps dit le contraire, vous ne convaincrez personne, les vibrations ne seront pas les bonnes. La relation fond/forme doit être cohérente et, si vous mentez ou si vous jouez la comédie pour arrondir les angles, restez calme en essayant de ressentir ce que vous dites. Pour cela, remplacer mentalement votre interlocuteur par une personne que vous respectez et adressez-vous à elle en ce sens, cette technique fait des miracles. Vous aurez le temps de hurler et de serrer les dents lorsque vous serez seul. Vous vous féliciterez aussi d'avoir tenu le coup.

Clef 6

NE SOYEZ PAS DUPE

Il est difficile de changer les personnes qui nous entourent. Même si elles-mêmes le décidaient, elles auraient beaucoup de mal à changer. Ne vous lancez donc pas dans des manœuvres impossibles sous peine d'y laisser des plumes et de perdre vos nerfs. Vous pouvez essayer de les faire changer de point de vue, mais leur nature profonde finira par reprendre le dessus tôt ou tard. En ayant conscience de ces limites, vous vous pardonnerez plus facilement vos impairs et vous vous sentirez plus serein et plus calme.

Clef 7

METTEZ FIN À LA CONVERSATION

Si vous sentez le point de rupture approcher, si vous sentez que le verre que vous tenez fermement entre vos doigts va finir dans le visage de votre interlocuteur, mettez-vous en mode automatique. Court-circuitez votre esprit et n'écoutez plus ce qu'il se dit, employez le passé pour clore le débat, dites une phrase du type : « Ce débat est passionnant et ça m'a fait plaisir de discuter avec vous, néanmoins je dois vous laisser », et prenez congé sans vous justifier plus. Cette sortie est à la fois élégante et condescendante. Vous prenez le pouvoir en décidant de la manière dont la conversation se termine et vous dites implicitement aux témoins de cet échange que vous avez déjà perdu trop de temps avec cette histoire et que vous avez bien mieux à faire.

VIKTOR VINCENT

Mentaliste – sceptique – performeur

Après des études en école d'ingénieur et un diplôme de réalisation cinématographique, Viktor Vincent aborde le mentalisme de manière singulière. C'est avec l'esprit scientifique du sceptique et la vision artistique du cinéaste qu'il construit ses performances…
En 2009, il autoproduit son premier spectacle dans un petit théâtre parisien. Repéré, il est convié dans plusieurs émissions des chaînes câblées, avant d'être l'invité permanent de Sébastien Cauet sur TF1, où il bluffe les stars en devinant leurs pensées. Gad Elmaleh, Garou, David Hallyday ou encore Pascal Obispo, tous en sont ressortis totalement bluffés !
En 2011, Viktor obtient ses propres émissions sur France 3 : « Viktor Vincent : mentaliste » et « Viktor Vincent nous bluffe ! » Viktor y repousse les limites de l'esprit en devinant le code secret de la carte bancaire d'anonymes et de célébrités, en manipulant les croupiers d'un casino

pour obtenir les cartes qu'il souhaite, en faisant tomber des judokas par sa seule force de persuasion, ou même en conditionnant un joueur de foot pour qu'il retrouve, parmi les 40 000 places du stade Charlety, celle où était caché le sifflet de l'arbitre... En parallèle, il s'installe au théâtre Trévise avec son second spectacle, intitulé « Synapses », avant une grande tournée en France.

Aujourd'hui, Viktor joue son spectacle « Emprise », dans lequel il devine de manière extrêmement directe les pensées des spectateurs et les conditionne autour d'une séance d'occultisme hallucinante. Il est également l'auteur des *Secrets du mentaliste*, publié chez Michel Lafon et disponible dans toutes les bonnes librairies.

www.viktorvincent.fr

Crédits iconographiques

Toutes les images sont issues de Shutterstock.com : © aanbetta ; © afry harfy ; © Alexander_P ; © alya_haciyeva ; © Amrit Raj ; © ANON KULSUWAN ; © ArtemisDiana ; © Barashkova Natalia ; © Benuben ; © bjonesphotography ; © Black Salmon ; © Branko Devic ; © DiViArt ; © first vector trend ; © fran_kie ; © Galyna Lysenko ; © Gearstd ; © Ink Drop ; © Inked Pixels ; © Jorm S ; © ktsdesign ; © Lightspring ; © Macrovector ; © Maisei Raman ; © mamita ; © Mary Long ; © mentalmind ; © MJgraphics ; © Moremar ; © Nata_Alhontess ; © Nosyrevy ; © owlyowl ; © Petr Vaclavek ; © PHOTOCREO Michal Bednarek ; © Pictrider ; ©StockSmartStart ; © Real Vector ; © rudall30 ; © Sergj ; © Stokkete ; © suns07butterfly ; © your ; © 3d factory.

Direction de la publication

Carine Girac-Marinier

Édition

Maëva Journo et Morgane Mosnier

Mise en page

Camille de Montmorillon

Fabrication

Rebecca Dubois

ISBN : 978-2-03-5958211

Achevé d'imprimer chez Grafo, Basauri

Dépôt légal : septembre 2022

331396/01/11050477-août 2022

PAPIER À BASE DE FIBRES CERTIFIÉES

LAROUSSE s'engage pour l'environnement en réduisant l'empreinte carbone de ses livres. Celle de cet exemplaire est de : 2,2 kg éq. CO_2 Rendez-vous sur www.larousse-durable.fr